リコーダー大好き！
授業を助ける指導のポイント
CD付き

千田鉄男

音楽之友社

目次

はじめに……4

Part1　演奏する前に……5

1　各部の名称……6
2　組み立て方……6
3　手入れの方法……7

Part2　リコーダーが大好きになる 12 のコツ……11

case 1　吹くのをやめない時は？──やくそく……12
case 2　「よい姿勢」とは？……15
case 3　ピッチがばらばら──チューニング……17
case 4　ベスト・ポジションを探そう！──構え方・くわえ方……20
case 5　いい音が出ない時──指の押さえ方……27
case 6　乱暴な音になってしまうのはなぜ？──息使い……30
case 7　「トゥ、トゥ」だけじゃない！ タンギングのコツ……37
case 8　最後がビシッと決まらない──音の止め方……43
case 9　音がひっくり返ってしまう──低音のコツ……46
case 10　正しいサミング、できてますか？──高音のコツ……52
case 11　リコーダーで強弱はつけられるの？……56
case 12　♯、♭をどう扱うか？……59

column1　差音……63

Part3　リコーダーがもっと好きになる!……65

1　指導のコツ……66
　1. グループで聞かせにくる。ハンディあり！……66
　2. 音符指導苦戦中……69

2　音楽会をしよう……74
　1. 音楽会ではどんな曲を？……74
　2. 発表に向けて①短い曲を長くする……78
　3. さむ〜い体育館での発表……82
　4. 発表に向けて②本番直前にやること……85

column2　ジャーマン式、バロック式……88

音楽会向け楽譜集……91

　「ソラシドマーチ」　　　上柴はじめ作曲・編曲／織田ゆり子作詞……92
　「きらきら星／また会おう、また歌おう」……96
　　きらきら星　　　フランス民謡／上柴はじめ編曲／井出隆夫作詞
　　また会おう、また歌おう　　　上柴はじめ作曲／井出隆夫作詞
　「夕ぐれの街」　　　千田鉄男作曲……100

CD 収録曲一覧……101

あとがき……102

運指表……103

はじめに

　この本は、新卒の先生、先生になってから間もない方、あるいは、リコーダーは小学校、中学校時代に習ってある程度吹けるのだが、どう指導していいかわからない、という方を主な対象として書いています。また、改めて指導法を振り返ってみたいとか、他の指導法のヒントを見つけたいという人たちにも、もちろんお勧めです。本の中味は、テキストのように順を追って解説していくとか、テクニックを順番に獲得していくとかいうものではなく、実際に現場で起こってくることを、どう指導していくかという視点で書いてあります。

　私は今までに何回か小学生向けのリコーダーのテキストを作っています。そのテキストは、はじめてリコーダーを手にする小学生を想定して作ってありますが、先生が「それでは、○○ページを開いてください。一緒に吹いてみましょう。」と言っただけでは、すんなり事が進まないこともあるのです。リコーダーが上達するためには、それらのテクニックなり知識なりが必要なのですが、子どもたちにひと通り説明して、さあやってみようだけでは、なかなかうまくいかないことも多いのです。そこで、この本では、なるべく実際の授業の場で使えるヒントを、たくさん紹介することを心がけました。

　本文に登場するほとんどの出来事が、実際の授業の中で起こったことで、指導も実際の授業で行っているものです。掲載している曲も、ほとんどが実際に使っている教材です。

　本文では、大事な言葉がけなどを太字で示し、各回の最後に指導のポイントをまとめました。さっと読み返す時も使いやすいよう工夫してあります。はじめてリコーダーの指導をする先生は、これからの授業で起こってくる出来事として読んで、心の準備をするといいでしょう。また、すでに指導の経験がある先生は、より効率的な指導のために役立てて下さい。あるいは、立ち行かなくなった問題が出てきたとき、それを乗り切るヒントとしてこの本を使ってくれたらうれしいです。

　これからリコーダーを始めようとする子どもたちは、リコーダーを教えてもらうことをとても楽しみにしています。しかし、残念なことに、4年生、5年生、6年生と進むにつれ、苦手意識が出てきて、リコーダーを始めた時のうれしさが薄れてくる子もいます。なかには「きらい！」と思う子も出てきます。この本が、子どもたちの戸惑いを取り除くことに、少しでも役に立ってくれたらうれしく思います。そして、リコーダー好きの子どもたち、リコーダー好きの先生方が一人でも多くなることを願っています。

part 1

演奏する前に

1 各部の名称

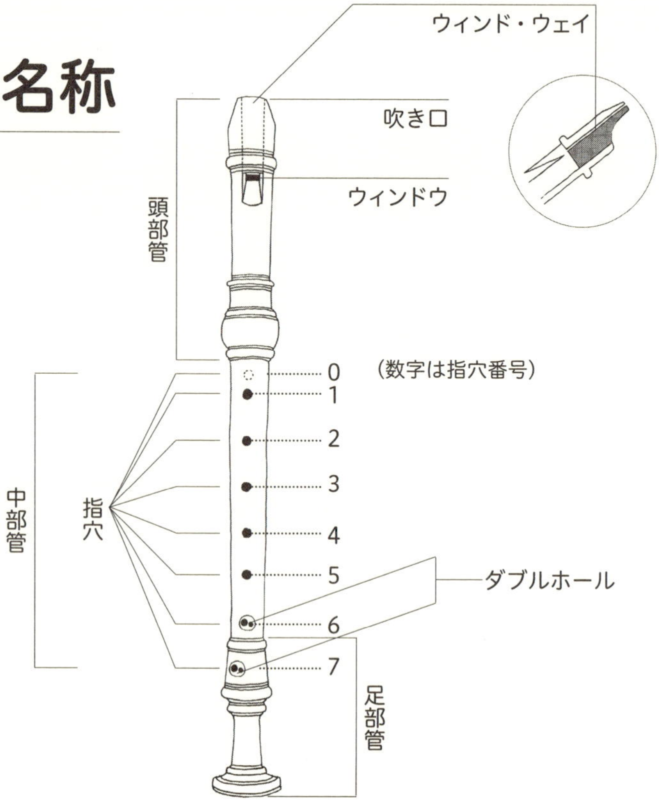

- ウィンド・ウェイ
- 吹き口
- ウィンドウ
- 頭部管
- 中部管
- 指穴（数字は指穴番号）
  - 0
  - 1
  - 2
  - 3
  - 4
  - 5
  - 6
  - 7
- ダブルホール
- 足部管

2 組み立てかた

・頭部管の中心線と指穴の縦の中心線が一直線になるようにします（写真①）。
・足部管は小指で穴をふさぎやすいように、少し回転させておきます。まず低いレの指使いにして、右手の小指を動かしてみて、無理なく穴をふさげる位置に足部管を回転させます（写真②）。
・ソプラノ・リコーダーは分解、組み立てをほとんど行わず、組み立てたままの状態です。したがってアルトなど他のリコーダーほど頻繁にジョイント部分にグリスを塗る必要はありませんが、回転しにくくなったときは薄くジョイント部分に塗って滑らかに動くようにしましょう（写真③）。

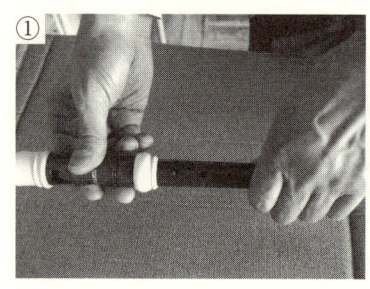
①

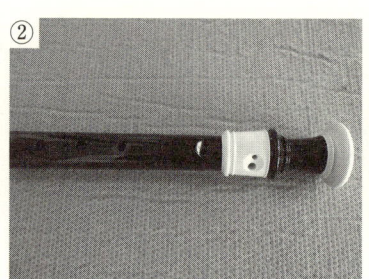
②

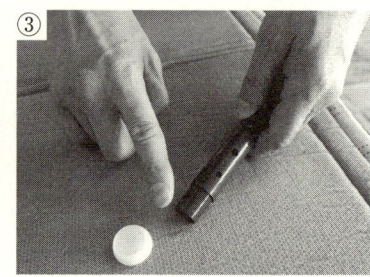
③

3 手入れの方法

「お疲れ様でした〜」と、私の指揮する吹奏楽団の練習が終わり、めいめいに楽器のそうじが始まる。木管楽器はどんなそうじをしているのだろうと、改めて眺めてみると……キーとホールの間のつばをフッ！　と吹き飛ばしたり、おもりの付いたひも付きの布を、管の中に通してつばをふき取ったり、薄いハンカチを、そうじ棒で管の中に押し込んで、つばをふき取ったりしている。

私のリコーダー・アンサンブルの練習後の風景は……分解したリコーダーに、細いそうじ棒で、ハンカチなどの薄い布を、管の中に押し込んで、つばをふき取っている。といっても、管の中に布を押し込んでいるのはソプラノやアルトなどの小さいサイズのリコーダーで、大人の背たけより大きなコントラバスなどは、布を押し込んだりしているところを見たことがない。

なぜそうじするのか

これはどの楽器にも共通しているが、次に使うとき正常に機能するようにするためである。楽器は、使いたいとき、いつでもいい音が出せる状態になっていなければならない。水分を取り、汚れを取り、オイルをさしたりグリスを塗ったりして、いいコンディションに保つ。そうすることによって、楽器も長持ちする。

そうじのデメリット

そうじの仕方によっては、楽器の調子が悪くなることもある。子どもたちが使っているようなプラスチック（合成樹脂）製のリコーダーは、ほとんど気にすることはないと思うが、木製のリコーダーでは木の材質にもよるが、要注意だ。布を棒で押し込んで、力まかせにギュッ、ギュッと水分をふき取るのは避けたほうがよい。柔らかい木だと、長い間そうじをしているうちに、管の内径が微妙に変わらないとも限らない。

リコーダーの内壁の形状は単純な円錐形ではないようだ。管内の直径、すなわち内径の微妙な変化は、楽器の音程や鳴りに影響する。リコーダー製作者は欧米の博物館などにある、名器と言われる昔のリコーダーのあらゆる部分の内径を調べ、自分の楽器製作に生かしていく。子どもたちの使っているプラスチックのリコーダーの製作にも、もちろんそういうことが生かされていて、昔の有名な製作者の名前をつけたプラスチック製のリコーダーもある。

リコーダー内部の見えないところにも苦心があり、美しい音色で、よく鳴る、音程のいい楽器になるように工夫されているのだ。力ずくのそうじで、長い間に内径が変わるようなことになったら、音程や楽器の鳴りに悪い影響を与えてしまう。管内はさっと水分をふき取る程度のそうじで十分だ。

　音楽の授業中に、片手にリコーダーを持って、もう一方の手のひらにトントンと軽く叩きつけている子を見かける。「何をしてるの？」と聞くと「つばをとってるの！」と言う。しかし、これはほとんど効果がない。また、片手で勢いよく振って、吹き口からつばを出そうとしている子がいるが、これもあまり効果がない。それどころか危険である。振っていたら、頭部管がすっぽり抜けて、ほかの子に当たってしまったという話を聞いたことがある。真偽のほどはわからないが、起こりうることだ。

　ほかに、何も付いていないそうじ棒だけ、足部管の下から楽器の内部に入れて、カチャカチャと振っている子がいる。当人はそうじをしているつもりらしいが、楽器を傷めるだけだ。子どもによっては、そうじ棒の先の穴に申し訳程度に2～3cmのガーゼの包帯などつけて、そうじしているのを見ることがあるが、これもほとんど効果がない。

どのようにそうじするか

　プロや愛好家のそうじの様子を見ていると、まず、吹き口から強くフッ！フッ！　と2～3回息を吹き込み、ウィンド・ウェイのつばを取り除く。このとき、音が出ないようにウィンド・ウェイに指を添えて吹き込む（図1）。それから楽器を分解して、薄い布を頭部管、中部管、足部管それぞれに、棒でやさしく押し込み、さっと水分を取る。ゴシゴシ、ギュッギュッ、と力ずくではない。頭部管に入れるときは、棒の先がブロックに当たったり、ウィンド・ウェイのエッジに当たったりしないように、慎重にふき取る。そして、

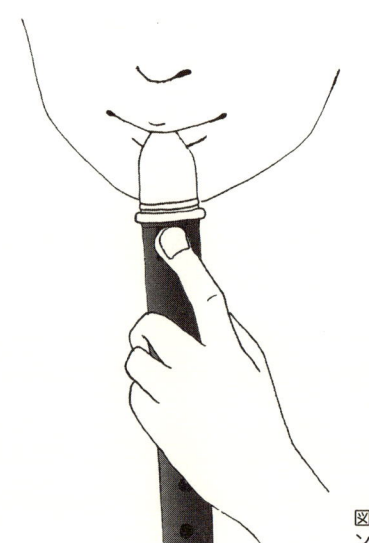

図1　息を強く吹き込み、ウィンド・ウェイのつばを取り除く

楽器を組み立て、外側をさっとふいておしまいだ。

　グレート・バスやコントラバス、あるいは一本の木をくり抜いて作った、つなぎ目のないルネッサンス・リコーダーは、棒で布を押し込むのではなく、外側からふき取れるつばを取ったら、あとは自然乾燥だ。

　では、子どもたちのリコーダーのそうじはどうしたらよいだろうか。フッ！フッ！　とウィンド・ウェイのつばを吹き出す。糸くずなどが出にくい薄い布を、分解したリコーダーに、そうじ棒でやさしく押し込み、さっと水分を取り、組み立てておしまいだ。たまにはジョイント・グリスをうすく塗っておこう。短時間しか吹かなかったときは、ウィンド・ウェイのつばを吹き出すだけでもよいだろう。

　音の出が悪くなり、ウィンド・ウェイをのぞいて汚れているようだったら、洗ってあげたり洗い方を教えたりしてきれいにしよう。（ただし、プラスチック製のリコーダーだけですよ！）。頭部管を抜いて、食器洗い

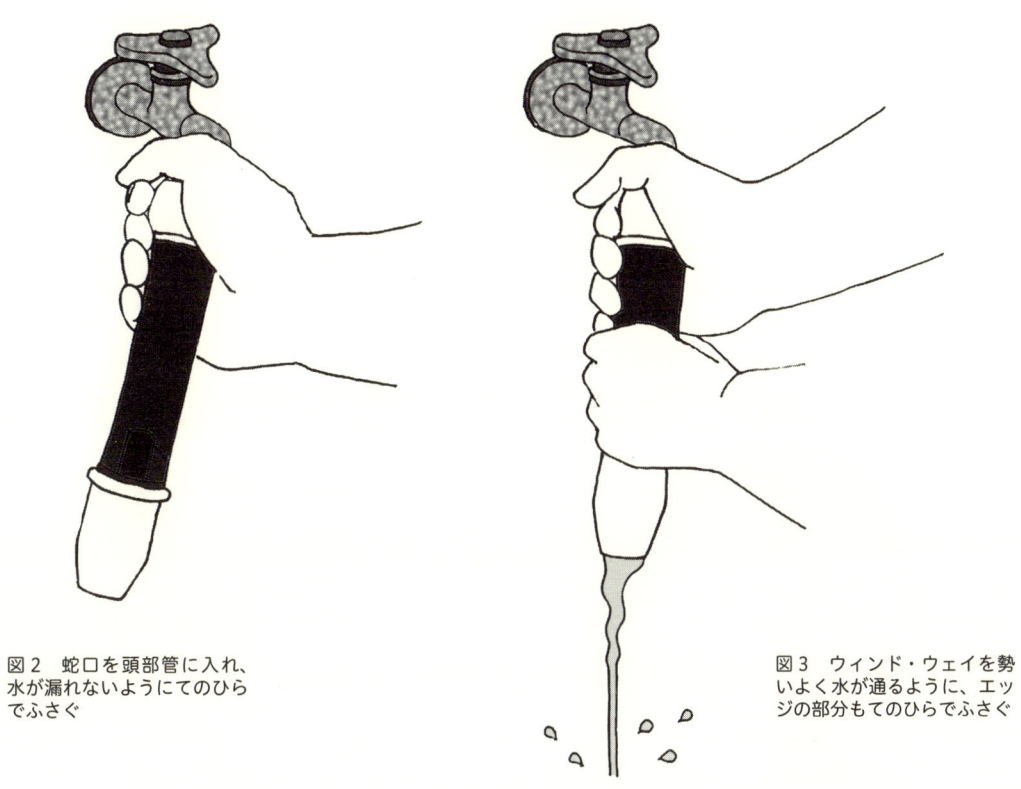

図2　蛇口を頭部管に入れ、水が漏れないようにてのひらでふさぐ

図3　ウィンド・ウェイを勢いよく水が通るように、エッジの部分もてのひらでふさぐ

用などの洗剤を溶かしたぬるま湯に入れ、頭部管の反対側から強く息を吹き込み、ウィンド・ウェイから何回か勢いよく洗剤入りぬるま湯を出す。このとき、音が出る部分を手のひらでしっかりふさいでおかないと、漏れてしまう。その後、よく洗剤を洗い流し、乾かせばOKだ。応急策と

しては、水道の蛇口にもっていき頭部管を抜き、反対側から水を勢いよく入れ、ウィンド・ウェイから強く流す（図2、図3）。乾かせばOKだ。

演奏中のつばぬき

そうじではないが、演奏している最中にウィンド・ウェイにつばがたまって、楽器の鳴りが悪くなることがある。そうなったら、曲と曲の間や楽章の間に、ウィンド・ウェイに指を添え、フッ！フッ！　2〜3回強く吹き込み、つばを外に吹き出せばよい。曲を吹いている最中にそのような状態になったら、休符の場所をねらって、スッ！　と強く吸い込む。音は出ないので手を添える必要はなく、吹いている構えのままできる。

> **ポイント**
> ① 分解したリコーダーに、薄い布をそうじ棒でやさしく押し込みさっと水分を取る。
> ② 短時間しか吹かなかったときは、ウィンド・ウェイのつばを吹き出すだけでもよい。
> ③ 「効果のないそうじ」「楽器を傷めるそうじ」「危険なそうじ」はやめる。
> ④ （プラスチック製のみ）ウィンド・ウェイが汚れていたら洗おう。

part 2

リコーダーが大好きになる
12のコツ

 # 吹くのをやめない時は？──やくそく

吹かない練習

　何事も最初が肝心。
　受け持った子たちと最初にリコーダーを勉強するとき、ルールを教えておくとよい。
　私は2年生以上の音楽を受け持っているが、3年生でリコーダーを始めるときに、必ずルールを確認することにしている。
　ルールの中で忘れてはならないものは「合図があったらすみやかに吹くのをやめる」というものだ。これができると、先生は、子どもの練習を中断したとき、吹き方の注意をしたり、曲のポイントを説明したり、新しいテクニックを教えたりという行動に、すぐに移れる。いつまでも、誰かが吹くのをやめないで時が過ぎていったり、そのことを先生が注意して時が過ぎていったりということがなくなり、実質的な授業の時間が増える。エンジンだけではなく、ブレーキの点検整備も忘れずにということだ。
　子どもの数は、多い場合1クラス40人にも達する。こちらは一人だ。相手は全員、音の出るものを持っている。しかも、2年生から3年生になったばかりで、気持ちは3年生でも行動パターンは2年生みたいなものだ。40人が、まわりの友達と、楽しく自由にリコーダーを吹き始めたら、先生の存在など忘れてしまう。そのような状態になってから、大声を出してやめさせたり、ピーピー、キャーキャーの騒音をさらに上回る大きな音で静止したりするのは、エネルギーも要るし、だいたい音楽的でない。音楽の時間は音を大切にしなければ。
　子どもの側から見ると、下手なりにも、友だちと楽しく、一生懸命に練習していたら、だんだんまわりのリコーダーの音が消えていって、先生の大きな声が聞こえてきて、何だかわからないけれども、先生が怖い顔でにらんでいる、ということになるのかもしれない。
　ベテランの先生はよくご存知のことと思うが、「先手必勝」でいかなければ、子どもの後を先生が追いかけていく、ということになりかねない。子どもと先生、お互いの幸せのために、リコーダーの練習を始める前に、やめる練習をしておいたほうがよい。そう、吹く練習ではなく、吹かない練習だ。

やめの合図

一例を挙げてみる。

「先生がポンポンと手を打って、片手を上げたら、やめの合図だよ。みんなが自由に練習していて、この合図があったら、練習の途中でもやめて先生の方を見るんだよ。

気がついてない人がいたら、肩とか腕に、やさしくトントンと合図してあげなさい。吹いているリコーダーを叩いちゃだめだよ。歯を痛めたりするから。

出来るかな？ それじゃ、やめる練習を始めます。自由に練習を始めなさい。」

――しばらく練習させる。頃合いを見計らって、ポンポンと手を打ち片手を上げて、やめの合図を送る。

「すぐに、やめられたかな？ 先生の方を見られたかな？ 気がついていない人に、やさしく教えてあげられましたか？ やめの合図を見ているのに、続けていた人はいませんでしたか？」

このように、やめる練習をしておいて、次の時間以降は「ポンポンと手を打って片手を上げたらどうするか、覚えていますか？」と言葉で確認すればよい。

もちろん、合図にはいろいろな工夫があってよいと思うが、大きな音を出して気づかせるのはよくない。

そして、徹底するまでは、毎時間確認してから始める。ちょっとした手間が、後に大きな効果を生む。

「やめる」ということに関連してもう一つ。

「曲の最後で、ぴったりやめる」「曲の終わり方をぴったりそろえる」

これは３年生でも十分できるし、自分たちで成功、失敗も判断できる。曲が始まる前や、終わり方に緊張感があると、曲そのものがよくなってくる。ぜひ、試してみてください。

先手必勝

３年生の行動パターンを観ていると、やめる合図があったらどうすればよいのか、よくわかっているのに、みんながぴたっとやめた後、わざと音を出して楽しむ、ということがよくある。そんなことをするのは、必ずと言っていいほど男の子だ。こちらが予想したことを、その通りやってくれるから笑ってしまう。

そうそう、替え歌を作ってゲラゲラ楽しんでいるのは、圧倒的に男の子が多い。替え歌は楽しいが、音楽の授業時間中歌うのは、禁止している。悲しい歌を、噴き出すのをこらえながら歌うなどということになりかねない。ただし音楽の授業以外では大いに結構。

それから、こんなこともある。

タン・タン・タン・ウンとみんなでリズムの練習をしていると、言い終わった後に、どこかから「チ」とか「コ」とか小さな声が聞こえてくる。最後の休符の「ウン」のあとに「チ」とか「コ」をつなげて楽しんでいるのだ。これも間違いなく男の子だ。こちらが誰かやるぞと予想していると、必ずやってくれるから笑ってしまう。
　まあ、余談はともかく、そんな子どもたちが40人、リコーダーという強力な武器（？）を持って、たった一人の、か弱い私の前に、ズラリと勢ぞろいしているのだ。先手必勝だ。

うまく機能するルール

　公立の小学校では、先生一人と40人の子どもが、一つの部屋で音楽の勉強や練習を進めるという前提がある。何らかのルールなしにはスムーズに進んでいかない。その場合、ルールがそれほど難しいものではなく、それほど自由を束縛されているものでもなく、うまく機能しているなら、子どもに完全な自由を与えているわけではないが、子どもはまるで自由にやっているような楽しさを感じることができる。そして、ルールの中で技術を身につけ、リコーダーを自由に操れるようになってくると、今までより一段階上のレベルで音楽のすばらしさ、楽しさを知ることができるのだ。

ポイント
①最初に、リコーダーを勉強するときのルールを教える。
②合図があったらすみやかに吹くのをやめる。
③リコーダーの練習を始める前に、やめる練習をしておく。
④徹底するまで、毎時間確認する。

case 2　「よい姿勢」とは?

　リコーダーは、小学生にとってそう重いものではないので、構えるのに大きな力はいらない。体、そして指がリラックスできるような姿勢、なおかつ背筋がまっすぐ伸びている姿勢、つまり歌を歌う姿勢と同じような姿勢がいい姿勢だ。

　そのいい姿勢のままリコーダーを構えて、「吹き口を口のところに」もっていく。うっかりすると、「口を吹き口に」持っていって、下向き加減な姿勢になってしまうので注意しよう。発表のときなどは、特に、遠くを見るような視線を意識させると、演奏も立派に聞こえる。ふだんは楽譜などを見ながら吹くことが多いので、下向き加減のこともあると思うが、折に触れ遠くを見る視線と顔の角度を意識させよう。
　椅子に座って吹く場合は浅めに腰かけるようにする。
　ひじは横に張りすぎたり体にくっつけたりしないで自然に構える。指にも力が入らないように注意。

　たまには、発声練習のとき姿勢を確認するのと同じように、いい姿勢を再確認しよう。手を体の横にだらんと下げ、指もリラックスし、そのリラックスした指の状態のまま、いい姿勢でリコーダーを構える。指穴をふさぐときにも必要以上の力が入らないように「ぴったり、やさしく」ふさぐ。

よい姿勢

悪い例。リコーダーに口を近づけようとして下を向いてしまいがち。息の流れを悪くしてしまうし、第一見た目もよくないですね

座って吹く場合はあまり深く腰掛けないこと

座った場合の悪い例。椅子の背もたれに寄りかかる。下を向く。机にひじをついて吹くのもダメ

これも悪い例。指をつい見てしまいがちですが、関心が指先に集中しすぎてしまいます

ポイント

①背筋が伸びていて体、指がリラックスしている。

②下向き加減にならないように遠くを見るような視線で。

③いい姿勢のままリコーダーを構える。

④椅子に座るときは浅く座る。

⑤ここに注意！「下を向かない」「机にひじをつかない」「椅子の背もたれによりかからない」「吹きながら指を見ない」

case 3　ピッチがばらばら——チューニング

　　　私の中の典型的なチューニング風景と言えば、オーケストラの演奏会が始まる前のものである。
　コンサート・ホールの客席のざわめきも静まり、ステージ中央のオーボエ奏者が「ラー」と吹き始める。コンサート・マスターがその音を聴きながら自分のヴァイオリンをチューニングして、オーケストラ全員に促すと、皆も「ラー」と弾いたり吹いたりし始め、それに続いて5度上の音やら下の音やら、スケールやら何やら、ひとしきり賑やかに楽器を弾いたり吹いたりしたかと思うと、波がサーッと引いていくように音がなくなり、再び静かな状態、しかしいつでも演奏が始められる状態になる。この間、ほんの数十秒だ。
　オーボエ奏者の出した音が、オーケストラ全員の基準になる。その基準音を、静まりかえったステージの上で吹きはじめるとき、どんな心持ちなんだろう。ピッチには相当神経を使うことと思う。
　ケンブリッジ・バスカーズ（現在のクラシック・バスカーズ）というリコーダーとアコーディオンの愉快な二人組のアンサンブルがある。バスカーズとは大道芸人のことらしいが、コンサートの始めにたった二人きりのチューニングなのに、わざとこのオーケストラがチューニングしているような音響をつくり出し、大げさにチューニングをして、お客さんを大笑いさせる。

チューニング、してますか？

　チューニングとは、ある基準になる音に自分の楽器の音を合わせることだが、先生方の学校ではチューニングをしているだろうか。吹奏楽や金管バンドなどの練習のときには、もちろんやっているだろう。リコーダーはどうだろう。リコーダー・クラブくらいの水準になるとチューニングをするだろう。しかし、普段の授業ではチューニングはしないのではないか。
　もちろんリコーダーもほかの楽器同様にチューニングが不可欠である。けれども授業のときは省略している。いろいろな事情が考えられる。時間がない、チューニングするほど楽器が温まっていない、安定したピッチを長く出せるような息使いができない、ピッチの微妙な高低の判断ができない、つまりチューニングできる力が育っていない、などだ。

part2　リコーダーが大好きになる12のコツ・17

一応、リコーダーのチューニングのやり方を見てみよう。ほかの管楽器と同様の方法だが、リコーダーだけで合わせる場合は音の安定する0123（p.6の指穴番号参照）の指使い、つまりソプラノ・リコーダーでいうとソの音でチューニングすることが多いようだ。ピアノやキーボード、チューナーから基準の音をもらって、高ければ頭部管を少し抜き、低ければ少し入れて合わせる。

　リコーダーの中にはチューニングができないリコーダーもある。ルネサンス・タイプに多いのだが、一本の木をくり抜いてリコーダーをつくっていて、つなぎ目がないのでチューニングのしようがない。楽器製作者はソプラノからコントラバスまで、そのセットではピッチが合うようにつくっている。

　以前、ウィーンから来たリコーダー・アンサンブルが講習会場に着いて、ケースからひょいとこのセットの楽器を取り出したかと思うやいなや、いきなり完璧なハーモニーで演奏を始めたのには度肝を抜かれた。普段から長い時間一緒に吹き、アンサンブルとしての息使いが安定していればこその演奏だった。

方法はいろいろ

　現実問題として、授業やクラス・学年全員参加による音楽会のときのチューニングをどうしたらよいのだろうか。私の場合は、ほとんど頭部管を抜いたり入れたりということはしていない。少し高めなのはまだ我慢ができるが、寒くて楽器が冷えて音が下がっているのは気になるから、楽器を温めてピッチを上げるとよい。頭部管と中部間の上の方を両方の手のひらで握って温めたり、リコーダーを上着とシャツの間に入れて体温で温めたりする。

　学校では子どもたちが同じメーカーのリコーダーを使っていることが多いので、息圧をそろえることでピッチもそろう。合唱でピッチを合わせるときのような心構えで合わせる。

　ただし、以下のような場合は少し気をつけて調整した方がよい。たとえば、転校してきた子のリコーダーが皆とは違っていて、ピッチが気になることがある。そのリコーダーが低い場合は少し強めの息で吹きなさいと言うしかないが、高い場合はその子のリコーダーだけ少し頭部管を抜いてあげよう。ソプラノ・リコーダーの場合は3ミリくらいが抜く限度だろう。それ以上抜くと音程のバランスがくずれる恐れがある。

　また別のケースとして、全員で吹くところとソロや少人数で吹くところがある曲で、ソリストや少人数の子たちのピッチが気になったら、まずは息圧のアドバイスをしてみて、それでもうまくいかなかったら、気になる子のものを少し抜いてみよう。アンサンブルも同様だ。

最終目標は「聴く力」

　自力でチューニングができる力というのは、できれば身についていた方がよいと思うが、なかなか難しい。今はとても便利で安価なチューナーがあって、吹奏楽や金管バンドで子どもが自力で合わせるときには大助かりだと思うが、やはり最終的には耳で判断できるようにならなければいけない。

　チューニングが自力でできるようになっていくためには、常にピッチに関心を持っていて、今の音は基準音より少し高い、あるいは少し低いということを判断し、次第に瞬間的に、感覚的・反射的に反応できるようにならなければいけない。またリコーダーなどの吹奏楽器の場合は、安定した音を長く出せることが不可欠だ。基準になる音を聴いて、自分が普通に吹き、それが基準より高かったら抜けばいいし、低かったら入れればいい。先生自身が微細なピッチを聴き分けられる耳を鍛えて、子どもにアドバイスしてあげよう。

　でも、ある程度子どもたちを鍛えたら、実際に曲を吹くときにはピッチだけにこだわらないようにしよう。演奏が萎縮してしまうからだ。気持ちよく、のびのびとした息使いで吹くことも忘れてはいけない。

ポイント
①授業やクラス・学年全員参加の音楽会などは、特に気になる子のものをチューニングする。
②頭部管を抜き差しする前に、普通の息圧で吹いているか確認する。

ベスト・ポジションを探そう!
──構え方・くわえ方

1. かまえ方

少しずつ慣れる

　それぞれの楽器に正しい構え方というものがあるように、リコーダーにも一応、標準的な構え方というものがある。楽器によっては、導入の段階では、こっちの方がやりやすいだろうという、入門フォームというか、はじめのステップでしかやらないようなものもある。自転車に補助輪をつけて練習を始めるのに似ている。

　リコーダーもはじめは、ほとんど左手しか使わないので、ひまな右手で足部管をつまんで、楽器を支えているのを見かけることがある。「ひまな右手の有効活用」と言いたいところだが、私は、最初から右手本来の位置に構えた方がよいと思っている。途中で右手の位置を変えることをしなくてすむし、右手だって毎時間使っていくうちに、少しずつ慣れて器用になっていく。

　毎時間、リコーダーの練習の準備体操として、低いレの押さえ方でフォームを確認してから、始めるのがよいと思っている。

失敗してもかまわない

　3年生のリコーダー、毎時間のはじまりはこんな感じである。
「リコーダーを出してください。目をつぶったまま、指先の感覚だけで、リコーダーのうえ、した、まえ、うしろがわかるかな?」
「では、目を開けて。右手でリコーダーの下のほうを握って。左手の親指で後ろの穴(0)、人差し指(1)、中指(2)、薬指(3)。小指は使わない。」
と順に穴をふさいでいく。
「右手を離して。右手の人差し指(4)、中指(5)、薬指(6)。
　吹き口を軽く唇ではさんで。歯より奥に入っちゃだめだよ、歯にあたっちゃだめだよ。では、そーっと吹いてみよう。」
　このとき、本来なら低いレの音が出るはずなのだが、絶対、そうはならない。構え方を確かめているだけなのだから、失敗しても全然かまわない。「ピー」「ヒョー」「ホヨ〜ホヨ〜」……。いろいろな雑音が聞こえてくる。「いまは、こんなにひどい音だけれど、3年生の終わりには、立派な音が出るようになるからな!」事実、子どもたちは、そうなっていく。

何時間か経つと、この雑音の中から一人二人「レー」と立派な音が聞こえてくる。「おおーっ、すごい！」とみんなの注目の的だ。それが、3人4人……と週を重ねるごとにふえてくる。でも、忘れちゃいけませんよ、いま大切なのはリコーダーの構え方。やさしく息を吹き込んでいれば、失敗してもかまわない。

　ところが、中には、レの音なんからくらくクリアーし、先へ進んで、勝手にドの音までいってしまう子がいるのだ。こういう子は、いろんな事によく気がつく。「あっ、いちばん下の穴がまがってる。」などと言って、上からの穴に一直線にそろえてしまう。これは、右手の構え方からするとよくないので、足部管を少し回した正しい位置になっているか、特に進んでいる子のものは、よく確認しておいてあげる必要がある。低いレの指使いにして、右手の小指を動かしてみて、無理なく穴をふさげるように足部管を回し調整してあげよう。

　この構えを確認したら、せっかくだからレから高いレの音まで、一音ずつのばしてみよう。これも準備体操だ。3年生で使う音に毎回触れられる。

♪レー
「薬指を離して……」♪ミー
「中指を離して……」♪ファー　……

楽譜1　　　　　　　　　　　　　省略してもよい
↑バロック式は吹かなくてもよい

　そのあと、いよいよシとかラの練習に入っていく。
　さきほどの、子どもたちへの指示の言葉の中に、（0）（1）……とあったが、これは指穴の番号で、覚えておくと、けっこう便利だ。「ラの押さえ方は、0、1、2ですよ。」というふうに使う（p.6参照）。

どっちだっけ？

　さて、低学年を教えたことのある先生ならお分かりだと思うが、今年から先生になったみなさん、小学生だったら、こんなこと当然知っているだろうと思って話をしていると、案外わかってなくて、びっくりすることがある。
　まずは「みぎ、ひだり」。混乱している子が、必ずクラスの中に何人かいる。「うえ、した」「まえ、うしろ」は、まあ大丈夫かな。だから「リコーダーは左手が上」と言っても、自信を持って反対に構えている子がいるのだ。大きな声では言えないが、私自身は「仰向け」と「うつ伏せ」

が苦手だ。医者に行って、「仰向けになって」「うつ伏せになって」と言われると、一瞬どっちだっけ？　と迷う。みなさん、そんな苦手なことありませんか。

　左右の手を逆に構えている子は、けっこう長期にわたって存在し続けるが、こちらのねばりづよい指導に負け、直っていく。ところが、何年かに一人二人、手ごわいのがいる。1年以上にもおよぶ私のねばりづよい指導の網をかいくぐり、ある日、私に言いに来るのだ。
「先生、逆でもいい？」
「どうしても、そっちのほうがやりやすいのか？」
「はい……」
　私、しばらく考える「う～ん……」
——子どもたちが使っているリコーダーは、下の二つの穴がダブル・ホールになっていて、そのダブルの穴の大きさが違うので、派生音は右手が下になっていないといけない。でも、ダブル・ホールの一方の穴だけを使うことをしなければ、ぜんぜん問題はないのだ！

　そういえば、ヨーロッパでリコーダーが盛んだったバロック時代のものは、すべての穴がシングル・ホールで、足部管を回せば、どっちの手が下でもよかった。ルネサンス時代もリコーダーが盛んに吹かれていたが、ルネサンスのリコーダーは途中につなぎ目のない1本の木をくりぬいて作ってあるので、足部管を回せない。ところが、小指の穴は右手用、左手用、と二つあけてあって、使わないほうの穴をロウでふさぐのだ。つまり、どちらの手が下でもよかった。キーのあるバス・リコーダーには小指用のキーがあるが、Y字型になっていて、どちらの小指でも操作できた。昔は、自分の好きなほうでよかった！

　まてよ。篠笛や尺八だって、反対に構えている人をよく見かける。そういえば、ビートルズのポール・マッカートニーはベース・ギターを左右逆に持っていたっけ。そうそう、ヴァ

反対ですよ

イオリンの弓を左手に持って演奏した、サウスポーのヴァイオリニストのライブにいったこともあったっけ……と、考えは頭の中を駆けめぐり──。
「う〜ん……」
「先生、いい？」
「いいだろう！」

右手の親指

　リコーダーを吹くときに、右手の親指で押さえる穴はない。親指はもっぱら楽器を支えるのに使われる。

　３年生のリコーダーも、シラソドレと左手の運指を一通り覚えると、いよいよ右手の出番となる。そのとき意外と大切なのが、右手の親指なのだ。３年生だけではなく、すでに右手を使っている高学年も、もう一度右手の親指をチェックしてみるとよいだろう。いつも失敗していた音が出しやすくなるかもしれない。

　自分の経験を振り返ってみて、この親指の支えがうまくいっているときは、難しいパッセージもうまく切り抜けられるようだ。逆に、楽器の支えのことが気になっているときには、ミスをしてしまったりする。

　子どもが吹いている様子を見ていても、変な支え方をしているときはそれなりの影響が出てしまうので要注意だ。

親指の位置はどこ？

　ほかの木管楽器、たとえばクラリネットやサクソフォーンなどは、楽器を支えるための指かけが、はじめから付いている。サクソフォーンにはそれに加えてストラップまで付いていて、首から楽器を吊るして、指かけと一緒になって楽器を支える。リコーダーもバスには指かけが付いているが、ソプラノ、アルトとなると、あらかじめ付いているのは見たことがない。テナーも付いていたり付いていなかったりだ。これは楽器の大きさや重さによるところが大きい。

　私も、ソプラノやアルトに指かけを付けてみたことがある。楽器を安定して支えられれば、指がより自由になると考えたからだ。けれども、使っているうちにどうも場所が気に入らなくなって、もう一度付け直し、吹いているとまたそれが気に入らず、結局もとの場所に戻したりして、なかなかうまくいかない。

　驚いたことに、演奏している最中、右手の親指は微妙に位置を変えているらしいのだ。落ち着きがないというか、本来だったら指かけのところに動かないで行儀よくしていなければならない親指が、演奏している最中に微妙にあっちに行ったりこっちに行ったりしているのだ。

　クラリネットやサクソフォーンの人たちは、この指かけの場所が気に

入らないということはないのだろうか。もう少し上げたり、下げたりする人はいないのだろうか。そんなことも考えず、はじめからそれにあわせるのだろうか。

ベスト・ポジション！

「右手の親指は、人さし指と中指の間がいいですよ。右手の親指、人さし指、中指の３本の指だけでリコーダーを真っすぐ（垂直）に支えられますか？　そこが親指のベスト・ポジションです。」（図１）

あるとき、プロのリコーダーの演奏家の楽器をみたら、右手親指が触れるあたりに、何かが貼りつけてあった。リコーダーを支えている親指が、演奏中に汗などでうっかり滑ってしまわないようにするためのものだと思うが……何を貼っているのだろう？

なんと！　紙やすりだった。目の細かい耐水性の紙やすりを、親指の触れるあたりに貼ってあるのだ。これなら滑らないし、親指の位置を微妙に変えられる。さっそく私もまねしてみたが、とてもやりやすい。

でも、子どもが吹いているソプラノ・リコーダーはそこまでする必要はない。楽器が軽いので、まあずれ落ちてくることはないだろう。親指がいい位置にあればよい。親指のベスト・ポジションは人差し指と中指の中間ではないだろうか。図１のような状態、体の横にだらんと腕を下げたときの、力の抜けた手のフォームがよい。

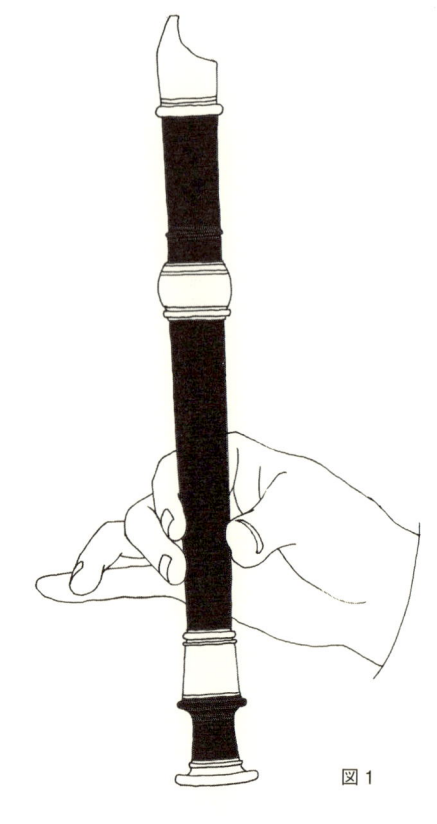

図１

リコーダーのメーカーによっては、指かけが付いている。接着剤で固定するものと、可動式のものがある。固定するものは、変な場所に付けてしまったら、吹きにくくてしょうがない。それならないほうがずっとよい。一方、可動式のものは安全だ。子どもの吹いている様子を見ながら位置を調整してあげればよい。

あるときこんなことがあった。転校してきた子のリコーダーに指かけ

が付いていた。ところがその子が吹いている様子を見ると、上から親指を指かけに置いて吹いているではないか。指かけの下から親指が楽器を支えなければ意味がない。その子は「この指かけは、親指を乗せて休ませるものだと教わった」と言う。どこでそんな勘違いをしたのかわからないが、指かけが何のためにあるのかが理解できていないと、こんなことがおこってしまうのかもしれない（図2）。

　私にも、「そうだったのか！」と思った経験がある。鍵盤ハーモニカのホースの吹き口の黒い部分を、ホースの根元の黒い部分にカチッとはめ込むと、ホースがぶらぶらしなくてよい、とやって見せてもらったのだ。な〜るほど、そのためにこの溝があったのか！　と思ったものだ。けれども教えられなければ、溝がなぜあるのかなどとは考えもしなかっただろう。

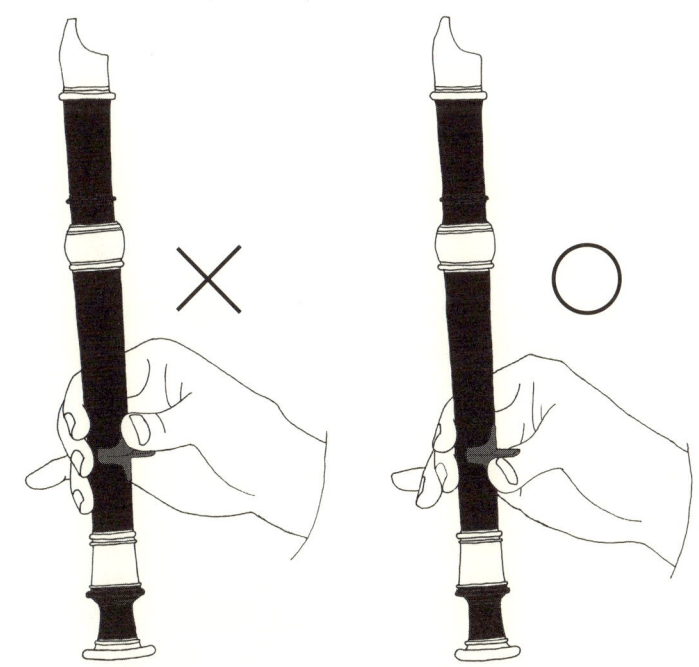

（図2）
指かけに下から親指を引っ掛けて支えるのが正解。しかし子どもが勘違いをしていても、正面からでは分かりづらいので気をつけて

ポイント

①右手は導入段階から定位置に
②「低いレ」の押さえ方を確認して、リコーダーの練習を始めよう
③右手親指の位置は、右手人差し指と中指の中間くらい。
④指かけを付ける場合は慎重に位置を決める。

2. くわえ方

「吹き口を唇でやさしくはさむような感じです。歯に当たったり、歯より奥に入ったりしてはいけませんよ。」

今回は楽器を支える親指の話をしてきたが、リコーダーは実際には右手親指と下唇で支える（アルト・リコーダーのサイズになるとこれに右手の小指が加わる。曲中で右手を使わないとき薬指と小指の穴の中間に小指を触れて支える）。

たまに、この子はかじってリコーダーを支えているのではないかと思う子がいる。「だれかのリコーダーが落ちています。名前がないけど、これはだれのリコーダーですか？」と聞いたら、ある子が近づいてきて、じっと吹き口のところについている歯形を見て「あっ、オレのだ！　まちがいありません」だって。

楽器はかじって支えるのではありません！　下唇に吹き口をのせ、上下の唇で優しくはさむのですよ。

> **ポイント**
> ①リコーダーは下唇と右手の親指で支える。
> ②吹き口は、歯より奥に入ったり、歯に当たったりしないように、軽く唇ではさむ。

case 5 いい音が出ない時──指の押さえ方

穴の押さえ方

　リコーダーの穴は、すき間ができないように指でぴったりとふさがないと、いい音が出ない。かといって、「ぜったい、すき間ができないようにするぞ！」と力ずくで押さえつけるのもよくない。ぴったりとふさぎやすい「指の腹」を上手に使って、必要以上の力が入らないように押さえよう。指先を立てるようにして押さえる子を見かけるが、いつも「指の腹」で押さえることを忘れないように。

　リコーダーの足部管は、回転して角度を調節できるようになっている。小指が押さえやすい角度に調整することが、最低音のドをうまく出す大切なポイントだ。

　発表会などでは、つい緊張して指に力が入って固くなってしまいがちだが、そういうときこそ、リラックスした状態で吹くように心がけたい。

　ただし、リラックスしながらも、スピードのある指の動きで確実に穴を押さえることが必要だ。例えて言うなら、「ムチを打つ」ように、加速度的にピタッと指の腹を穴に当てるように押さえる。卓球やテニスのスマッシュのインパクトのように、と言えばいいのだろうか。ゆっくり押さえると、グリッサンドのように中間の音が入ってしまう。

　ちゃんと穴がふさがっているかどうかは、目で見るのではなく、指先の感覚で判断するのだが、今の子どもは、一般的に指先の感覚が訓練されておらず、穴が半分くらい開いていても気がつかないことがある。そこで、時には、わざと目をつぶって、指の感覚だけを頼りにリコーダーを構えることで、指先の感覚を鍛えてみよう。

　指かけを使うこともあると思うが、指かけは右手親指で楽器を支えることにより、他の指を動かしやすくするためのものだ。指かけの下から右手親指で楽器を支えるということを徹底しよう。しかし、大きなリコーダーと違い、ソプラノ・リコーダーに指かけはそれほど必要ないと思うので、あくまでも指かけを使うときには徹底しようということだ。

ダブルホールの押さえ方

　ダブルホールの穴を片方だけ開けるということは、小学校の音楽ではあまりないが、説明だけはしておきたい。右手の薬指、小指の穴がダブルホールになっているが、薬指・小指の第1関節を曲げながら素早く引っ張るようにスライドさせて、一方の穴が開くようにする。中途半端に

ずらすと穴が開かない。エッジに指がかかるぐらい、かなり思い切って、指先でエッジを引っ掻くようなつもりでずらすとよい。

ふだんは、逆にダブルホールを二ついっしょに押さえた状態で吹かなければならないが、指の小さな子はすき間が開いてしまうことがある。まずは、すき間が開いていないことを自分の目で確かめて、そのときの指先の感覚をよく覚えておく。吹くときには、その感覚をよく確かめながら吹こう。

サミング（左手の親指の使い方）

高いミ、ファ、ソの音を出す場合、サミング（左手の親指の穴を少し開ける奏法）が必要だ。親指の腹をずらして穴の上部にすき間をつくるやり方でも、関節を曲げるようにして爪の上の方にすき間をつくるやり方でも、どちらでもやりやすい方でよい。ただしよく言われる「穴を半分開ける」というのは間違いだ。「少しすき間をつくる」「髪の毛1本分くらいのすき間をつくる」という感じで開ける。（→p.52「高音のコツ」）

楽器への信頼感を持たせよう（指導のしかた）

うまく穴を押さえられないために、いい音が出ないことがよくある。ときには、息が強すぎるということまで加わって、いい音が出ない原因が複数になってしまう。「この笛、不良品では？　こわれているんじゃないか？」と疑ったりする子も出てくる。先生が子どもの楽器を上手に吹いてみせて、楽器がちゃんとしたものだということを証明してやることもできるが、先生に自分の楽器を吹かれるのを嫌がる子もいるので、先生が手伝ってあげながら子ども自身に吹かせるのもよい方法だ。吹き口のある頭部管と中部管を90度くらい曲げて、先生が横で穴を押さえてあげて、子どもに吹かせてみよう。吹く子の側も、指を押さえてあげる先生の側もやりやすくなる（写真1）。ちょうどいい息で吹くように先生がアドバイスしながら、子どもに楽器を吹かせて、いい音が出ることがわかると、自分の楽器はちゃんとしたものだと納得する。

(写真1)
ジョイントを回して頭部管と中部管に角度を付ければ、先生が指を押さえ、子どもが息を吹き込むことができる

> **ポイント**
>
> ①指の腹で押さえるのが正解。指先を立てるようにして押さえないように。
> ②リラックスして、ただし「ピタッ」と押さえる。
> ③目ではなく、指先の感覚を研ぎ澄まそう。
> ④サミングは、親指の腹でも爪先でも、やりやすい方でOK。ただし開けるのは「髪の毛1本分」ぐらいの感覚で。

乱暴な音になってしまうのはなぜ？──息使い

息使いの大切さ

　ここに子どもたちが使っているリコーダーがあるとしよう。吹き口から理想的な息を吹き込んだら、どんなにいい音が出るだろう！　その音をつなげてメロディーにしたら、どんなに素晴らしい音楽が奏でられるだろう！　うっとりと想像してしまう。

　ところが、現実はそんなに甘くない。リコーダーを習い始めた3年生は指使いも息使いも、まだまだ不器用なのだ。

　この章のテーマは、リコーダーをきれいに鳴らすための息の使い方だ。ソプラノ・リコーダーを始めたばかりの3年生に、どのように息の使い方を教えるのか考えてみたい。

　「息使い」とは息を操ることで、意識して吸ったり出したりすることである。無意識に呼吸すること──たとえば「やすらかな寝息」「走った後の激しい息使い」──なども息使いに含まれるかもしれないが、これから述べることはあくまでも「意識して」ということである。

　息使いと似た言葉に「息吹き」がある。広辞苑には「①息を吹くこと。呼吸。②活動の気配。生気。」とあり、例文として「春の息吹き」「新時代の息吹きを感じる」が載っている。

　つまり、どういうふうに息を操るのかということが、音楽の気配や生気に直結しているのだ。

　さて、3年生でリコーダーを始めたとき、大多数の子はソプラノ・リコーダーを鳴らすのに必要な息の量より多く吹き込む。その結果、乱暴な音になってしまう。いま「息の量」という言葉を使ったが、息使いに関係のある言葉として「息圧」「息の強さ」「息のスピード」「息の種類」などがよく使われる。

息使いのポイント

　実は、ソプラノ・リコーダーをいい音で鳴らすにはそんなにたくさんの息はいらない。言いかえれば、強い息はいらない。3年生にとって「少し弱いかな」と感じる息で吹くことが、いい音を出すこつなのだ。ある教則本には、リコーダーは「静かに吹く」ということが秘訣だと書いてある。

　しかし、反対のことを言うようだが、いい音を出すのに十分な息は吹き込まなくてはいけない。いくら弱めの息がいいといっても、生気のない、

病気のような息ではいけない。楽器は十分に鳴っていなくてはならない。限界を超して乱暴な音にならないように、かといって、か細い生気のない音にならないように加減しなければならない。また、ちょうどよい息を出そうと慎重になりすぎるあまり、きゅうくつな感じになってもいけない。息のイメージとしては「流れている息」「スーッとのびやかな線のような息」「放物線を描くような息」「優しい息」がよい。

授業での指導例

　実際の授業では、こんなふうに息の使い方を指導している。
「シの指使いで、長い音を吹きましょう。まずは、自分が普通だと思う息の強さで吹きます。」(子どもたち、シーと吹く)
「次に、弱い息で長く吹きます。」(子どもたち、弱い息でシーと吹く)
「なんだか、少し元気がない人みたいですね。今度は、強い息で吹いてみましょう。」(何人かの子の目が、キラリと光った。いやな予感。どうなるか想像つきますよね。子どもたち　シ〜！！！)
「乱暴ですね。耳が痛くなりますね。こんな音は出さないようにしましょうね。では、これから先生が息を強くしたり弱くしたりして、いろいろな息使いで吹きますから、真似してください」(子どもたち、いろいろな息使いで実際に吹いてみてリコーダーの音色の変化を体験する)(図1)
「それでは、シの指使いで、いちばんきれいだと思う音でのばしましょう」
(子どもたち　♪シー)

　こんな練習をしながら、いい音を出すための息の使い方を試していく。ただ、子どもによっては強めの音をいいと感じたり、反対に弱めの音をいいと感じたりして、必ずしもこの音がいい音だと全員が一致するわけではない。でも、今の段階ではそれでよい。

　今度は耳の訓練だ。先生がいろいろな息使いで吹いた音を、みんなで「強すぎる」「弱すぎる」「ちょうどよい」などと判断しながら、鳴っている音の感じからちょうどよい息の量に対する感覚を磨いていく。これも、必ずしも全員が一致するわけではない。けれども、子どもたちには、ちょうどいい息の量でいい音を出そうという姿勢が生まれてくるはずだ。

　こんなやり方もある。
「誰がいちばんきれいな音かな？　みんなで発見しましょう」(4〜6人くらいの子にシーと吹かせて、みんなで判断する。)
「○○君の音がよかったという人が多いですね。それでは○○君の吹き方をよく聞いて、真似してみましょう。」(○○君♪シー、みんなで♪シー)
　一般的に言って、管楽器で息使いを身に付けていくのにロングトーンの練習は欠かせない。その要素を子どもに抵抗ない程度に授業に取り込む工夫をしてみることは大切だ。

たとえば、
「きれいな音で、どれだけ長く続けられるかな。姿勢がくずれたり、音が不安定になったりしたら、そこからは『きれいな音』ではありませんよ」
（子どもたち、シーとのばす。姿勢がくずれたり、音が不安定になったりしたら、各自やめていく）

やがて、学習が進んで、シラソ……と低い音域になっていくと、シと同じ息使いでは音がひっくり返ってしまうことがある。息が強すぎるのが原因だと感じたら「弱く吹いてごらん」とアドヴァイスしてあげよう。または「冷たい手に、あたたかい息を吹きかけるように吹いてごらん」「息のスピードをゆっくりしてごらん」などと言ってあげるのも効果的かもしれない。

他の管楽器と違い、アンブシュアがそれほど音色に影響しないリコーダーは、息使いこそが、いい音を出す鍵を握っているのだ。次のページからの《そよ風のように》と《雲はながれ》は息使いに注意して、いい音で吹いてみよう。

息づかい
強
弱

（図1）
いろいろな息づかい
　息づかいを強めたり、弱めたりして、ちょうどいい息づかいを探そう。強く吹くとピッチが上がり、弱く吹くとピッチが下がるのが分かる。

▶ポイント
①3年生にとって「少し弱いかな」と感じる息で吹くことが、いい音を出すこつ。
②しかし、いい音を出すのに十分な息は吹き込まなくてはいけない。
③息のイメージは「流れている息」「スーッとのびやかな線のような息」「放物線を描くような息」「優しい息」がよい。

そよ風のように（シ）

♪ Track 1、2

千田鉄男　作曲

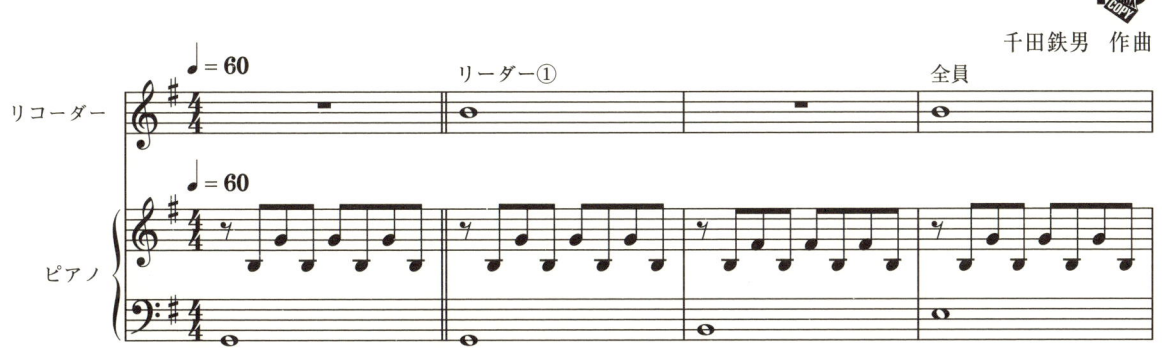

©2012 by ONGAKU NO TOMO SHA CORP.,Tokyo,Japan.

そよ風のように（ラ）

♪ Track 3、4

千田鉄男　作曲

©2012 by ONGAKU NO TOMO SHA CORP.,Tokyo,Japan.

そよ風のように（ソ）

♪ Track 5、6

千田鉄男　作曲

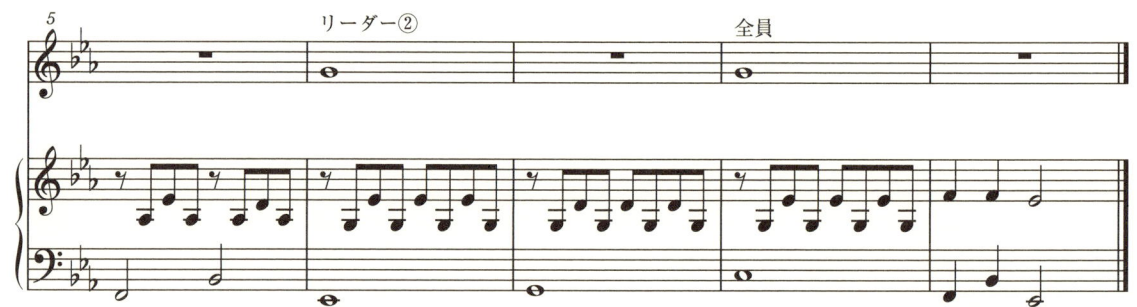

©2012 by ONGAKU NO TOMO SHA CORP.,Tokyo,Japan.

[演奏のポイント]
- リーダー①，②の選び方は〈子どもたちの推薦で〉〈立候補で〉〈先生の指名で〉など，いろいろな子に機会を与えましょう。

雲はながれ

ソラシドによる

千田鉄男 作曲

♪ Track 7、8

[演奏のポイント]
- 自分が吹いているときの息の使い方をよく観察しながら演奏してください。
- 13〜20小節は、指の動きが少ないので、息使いに注意をむけられますね。タンギングもわすれずに。

case 7 「トゥ、トゥ」だけじゃない！タンギングのコツ

　冒頭からいきなり脱線して恐縮だが、鼻濁音の話である。
　3年生の授業で、「タンギングのやり方を覚えましょう。タン**ギ**ングと言ってみましょう」（太字は鼻濁音）と投げかけると、ほとんどの子たちは鼻濁音をうまく言えない。もしかしたら五十音表で平仮名の読み方を覚えるとき、「が行」を濁音だけで練習するからではないかと思っているが、詳しく調べたわけではないので、あてにはならない。子どもによっては、自分が知っている似た音に代えて「タンニング」と発音したりする。歌を歌うときには鼻濁音ができたほうがよいので、いざ指導ということになるが、1回2回の授業で定着するものではない。
　べつに、鼻濁音ができなくても生活に支障はないが、正確に発音できる音がたくさんあれば、日本語にとどまらず外国語の歌を歌うときにも大変有利だ。
　さあ、それではいよいよ本題の「タンギング」の話に入ろう。

タンギングの指導

　タンギングの指導は、リコーダーの導入で避けては通れない。しかし私は、自分はもしかしたらタンギングの指導が苦手なのではないかと思うことがある。私がリコーダーを演奏するときは、自分がとくべつタンギングが下手だとは思わないが、教えたはずなのに、タンギングをしないで吹いている子が何人もいるのを目の当たりにすると、そう思ってしまうのだ。指導の方法が悪いのか、詰めが甘いのか、それとも、そんなものなのか。
　しかしながら、まずま

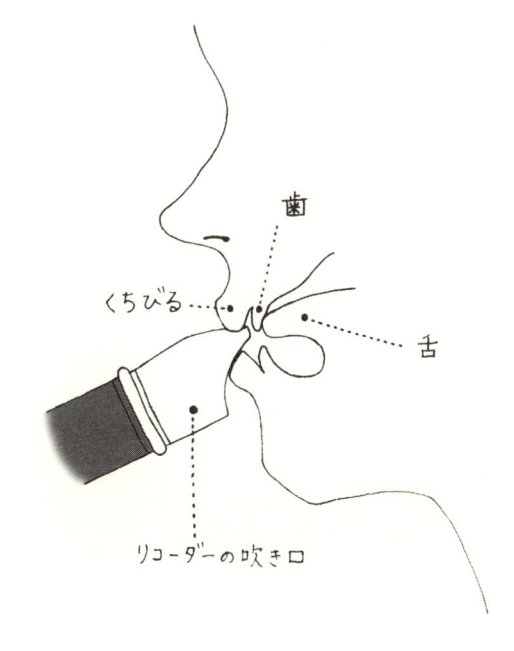

ず成果も上がっているので、実際の指導例を述べてみたい。

①まずは、単音（例えばシ）の連続で、タンギングができるようにする。トゥ、トゥ……（無声音）と言い続けながら、リコーダーをしだいに口に近づけていき、ついには普通の吹き方のように口に入れる。口に触れた瞬間にタンギングがなくならないように注意する。これができたら、先生が言ったり吹いたりしたリズムを真似してタンギングの練習をする。

②2音（例えばシとラ）で指を動かしながらタンギングができるようにする。やはり、先生のリズムと指使いを真似してタンギングの練習をする（楽譜1）。

③曲を吹いたときにタンギングがなくなってしまわないようにする。そのために、曲中の1フレーズ、あるいはその半分のフレーズだけ取り出し、タンギングに集中して練習する。

さらに次の段階として、

④低音域にふさわしいタンギングで吹けるようにする。もちろん息使いも低音域にふさわしいものでなくてはならない。低音域のメロディーの1フレーズ、あるいはその半分のフレーズだけ取り出し、タンギングに集中して練習する。低音域のタンギングのイメージとしては、トゥ、トゥ……よりは、ドゥ、ドゥ……、ル、ル……、ヌ、ヌ……のほうがよいだろう。

タンギングを上達させるために、タンギングをしないと吹きにくい曲、タンギングに関心を向けやすい曲をやらせるのもよい方法である。同じ音がリズミカルに連続して出てくるような曲が、タンギングの練習に適した曲だ。そのようなねらいで《たのしくタンギング》《運命の"たまご"》を掲載した。ぜひ取り組んでみてほしい。

根気よくやろう

余談だが、タンギング（tonguing）は tongue（舌）を動かすことから来ている。ついでながらサミング（thumbing）は thumb（親指）を動かすことから来ている。

こんなこと、今の若い人にとっては常識だと思うが、二十代の頃の私の

楽譜1　タンギングの練習

英語力では思いつきもしなかった。これが分かったときは「そうだったのか！」と、ひざをポンと打ったほどだ。何しろ私が通った田舎の中学校では this の発音をめぐって、「俺たちの先生はゼスって言ってたぞ」「俺たちのクラスはデスって習ったぞ」と、のどかな論争がくり広げられていたのだ。無理もない。

　いずれにしても、授業では私も人並みにタンギングの指導をしているつもりなのだが……。実際に曲を吹く段になるとタンギングが消えてしまう子がいる。でも、こんなに一生懸命吹いているんだもの、まあ、いいか！根気よくやろう。

　そういえば、こんなことがあった。私がいつも「吹きながらトゥ、トゥ……と言うんだよ」と言い続けても全然通じなかった子が、ある日突然タンギングが出来るようになり、私に言うには「な〜んだ！トゥ、トゥ……と言いながら吹けばいいんじゃないの！ 先生、それならそうと早く言ってよ！」私「……」

　いつ、どこで突然回路がつながるかわからない。これからも、あきらめずに言い続けよう。

> **ポイント**
> ①曲を吹くときにタンギングができることが大切。単音、二音でのタンギング練習だけではなく、曲の一部分だけ取り出し、タンギングに集中して練習する時間を設ける。
> ②音域にふさわしいタンギングをする。
> ③その曲、その音楽の感じにふさわしいタンギングをする。これが、究極の目標。

たのしくタンギング（ラシ）

♪ Track 9、10

千田鉄男　作曲

©2012 by ONGAKU NO TOMO SHA CORP.,Tokyo,Japan.

[演奏のポイント]
● いろいろな子にリーダー役を体験させましょう。

ソラシドの音でタンギング練習
運命の"たまご"

♪ Track 11、12

千田鉄男　作曲

[演奏のポイント]
- 3〜10小節のリコーダーは，やさしいタンギングで，長めの音で吹きましょう。ヒヨコが卵の中から生まれ出る日を，静かに幸せに待っている感じです。
- 11〜12小節で卵にかすかな変化が起きます。ゆっくりと，小さめの音で，スタッカートで期待感を表してください。
- 13小節目からはテンポが速くなり，くり返したときはさらに速くなります。乱暴な音にならないように，リズミカルに吹いてください。

case 8 最後がビシッと決まらない
―― 音の止め方

楽器の音を止めるとき

　楽器によって音の出し方が違うように、音の止め方も違う。
　ピアノはおさえている鍵盤から指をはなして音を止める。あるいは踏んでいるペダルを戻して止める。鉄琴（ビブラフォーン等）も踏んでいるペダルを戻して止める。鍵盤ハーモニカやアコーディオンは、おさえている鍵盤から指をはなすか、空気を送るのをやめて止める。大太鼓、ティンパニは、皮の振動を手でおさえて止める。合わせシンバルは胸や腹に触れさせて止める。ヴァイオリンは弓を動かすのをやめる。
　木琴や小太鼓は意識的に止めるのを見たことがない。音が響いている時間が短いからだろう。楽器といってよいかどうか分からないが、お寺の鐘は音を止めない。長い余韻が消えていくのにまかせる。ゴーン……
　リコーダーは息を吹き込むのをやめると音が止まる。なんだ、あたりまえのことじゃないかという声が聞こえてきそうだ。あたりまえすぎて、ふだんは音の止め方など意識していないと思う。意識しないで曲を吹いていてもほとんど問題がない。
　注意しなければならないのは曲の終わりだ。長く伸ばしながら静かに終わっていくような曲は、かなり意識して音を止めないとピッチが下がってしまう。リコーダーは、替え指や、指をずらすという高度なテクニックを使わないと、デクレシェンドができないのだ。

リコーダーの音の止め方、タイミング

　リコーダーで音を止めるということを改めて考えてみたい。まず止める方法、そして止めるタイミングだ。
　子どもが音を止めるときには、「息を送るのをやめる」「息を出さなくする」ということを、ほとんど無意識にやっていると思う。トゥーと吹き込んだ口の中のフォームのまま、息を出すことをやめているのではないか。
　ところが、手もとにある教則本を見ると、音を止めるときはタンギングした場所に舌を戻して止める、とある。記号で t ― (t) となっていたりする。(t)が舌を戻すという意味だ。上の歯の裏側に舌を戻すことによって、息の流れを止めるという方法だ。
　奏者によっては、別の方法で、リコーダーの吹き口から上唇をはなして、見た感じは口を少しパクパクさせているように見えるが、口をあけるこ

♪ Track 13、14

千田鉄男　作曲

楽譜1　ぴったり　ちょうど（止めるタイミングを意識する）

©2012 by ONGAKU NO TOMO SHA CORP.,Tokyo,Japan.

とでリコーダーの中に息を吹き込まないようにして音を止めている。
「今は t ― (t) というやり方で、意識的に音の止め方を練習してみよう。タンギングした位置に舌を戻すとき、伸ばしている音の最後がフッと大きくならないように、静かに戻すこと。では実際にやってみよう。t ― (t)　ほーら、ピタッと止まったでしょう。」

　今度は止めるタイミングだ。止めるタイミングをねらってみよう。シの音で全音符を伸ばして止めることにしよう。音符分いっぱいに伸ばすと、1・2・3・4の次に来る1に入るとき舌を戻すことになる。全員が1のところで舌を戻すという意識でタイミングをねらう。もし付点二分音符なら1・2・3の次の4をねらえばよい。リコーダーはパッとすばやく音を止めるということを心がけないとピッチが下がってしまう。

　コツがわかったところで、『ぴったり　ちょうど』（楽譜1）で練習してみよう。

　リコーダーに限らず、子どもに曲の終わり方を指導するとき、タイミングをねらって切るということを、全員揃ってできるまで何回もくり返しやらせることがある。成功したときは子どもがはっきりと自分たちでわかる。それができたらさらにその後に余韻というものが必要だということを教え、余韻をつくりだし、それを味わう練習もしてみる。

　曲によってはリコーダーが音を切った後に、ピアノの後奏があったりする。自分が吹き終わってすぐ、「終わったー」と、だらっとゆるんだりざわついたりしたら、せっかくのピアノが台無しだ。曲の出だしと終わりがピタッと決まれば、不思議と中味もよくなる、ということを述べたことがあるが、終わり方のレベルが上がってくると、子どもの中に今までなかった何かが生まれるような気がする。

音の余韻

　曲の終わり方、余韻のことを書いていたら、数年前のあるオーケストラのコンサートのことを思い出した。

演奏中に絶対起こりえないことが起こった。ホールの係の人が楽章と楽章の間にステージに現われて、聴衆に向かって話し出したのだ。「客席から電子機器から発せられるような音がするとのことです。そのようなお客様がいらっしゃいましたら音を止めてください」というような意味のことを言った。会場は硬く静まり返った。やがて気がついた人によってその小さな音は止められた。「あ〜あ……どっちらけだ〜」私は内心そう思った。他の客も思ったかもしれない。その空気が指揮者に伝わったかもしれない。

　ところが、その後の演奏は凄かった！　もの凄かった！　そして曲の終わりは、静かに静かに終わっていく。弦楽器が最後の音を静かに……静かに……長く音を伸ばして、ついに弓を使い切って音が消え、会場が静寂につつまれた。けれども、指揮者は曲の最後の音の指示を出したまま、まだ曲を終わらせない。音はとっくに出なくなっているのに弦楽器奏者たちは弓の先を弦に触れたまま身動き一つしない。満員の聴衆も固唾を飲んだまま身動きができない。

　どれほど静寂の時間が流れたろうか。長い長い時間だったような気がする。指揮者の体がゆるんだ。曲が終わったのだ。会場のどこからか、ためらいがちな拍手が聞こえてきた。それに続いてあちらからも、こちらからも、そしてついに会場全体が割れんばかりの拍手につつまれた。

　演奏はもちろん凄かった。しかし今でも印象に残っているのは、最後の音が消えてからの数十秒の時間だ。

　このようなことは、子どもたちとできることではないと思うが、曲の終わり方や、音を止めるタイミングに今より少し関心を持ったら、中味にもいい影響が出ることと思う。

ポイント

①曲の終わりの長い音は、意識して止めないと、ピッチが下がってしまう。音を止めるときには、タンギングした位置に舌を戻して、息の流れを止める。
②全員で、タイミングをねらって止める。

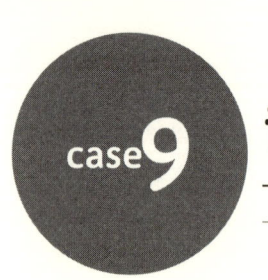

case 9
音がひっくり返ってしまう
―低音のコツ

　私が指導している吹奏楽団のテナー・サックスのメンバーにバス・リコーダーを吹かせたときのことだ。「先生、この楽器、調子が悪いです。低音の方が全然鳴りません。鳴らそうとするとひっくり返ります!」と言ってきた。ご存知の通り、テナー・サックスの低音は、無遠慮な馬鹿でかい音がする。これが魅力でもあるのだが、リコーダーの低音の鳴りとはかなり違う。それぞれの楽器の特性というものがある。

　今回のテーマは、低音のコツだが、そのことにたどり着く前に、少し回り道をさせて頂きたい。

リコーダーの種類

　リコーダーと一口に言っても、その中でもいくつかのタイプに分かれる。ここで言うタイプというのは、ソプラノ・リコーダー、アルト・リコーダーなどという楽器のサイズのことではなく、ルネッサンス・タイプ、バロック・タイプ、モダン・タイプのことで、音色、基本ピッチ、構造が違う。それぞれのタイプごとにソプラノ、アルト、テナー、バスなど8種類前後のリコーダーがある。

　ソプラノ・リコーダーの音域を低・中・高音域に分けると、中音域は、ソ～高いソ、それより下は低音域、それより上は高音域と、教わった。リコーダー全盛のバロック時代の作品では、中音域、高音域が主に使われる。低音域も使われるが、音色的、音量的に目立ちにくい。

　この音域の分け方で考えると、小学校の授業で扱うのは、主に低・中音域ということになる。

　ルネッサンス、バロック、モダンのリコーダーの特徴を見てみよう。

　ルネッサンス・タイプは低音がよく鳴るようにつくられている。思い切って息を吹き込んでも、学校で使っているリコーダーのようにひっくり返ってしまうことが少ない。高音域は出せない。

　バロック・タイプは、中・高音域がよく鳴る

ように作られていて、低音域はルネッサンス・タイプのような力強さは無くなる。ただモダン・タイプのものよりは楽器の鳴りはよい。ピッチは、今のリコーダーより半音低いものが多い。

　モダン・タイプはバロック・タイプのものを半音高くして現在のピッチにしたものだ。小学校で普通に使っているものは、ほとんどこのタイプだ。つまり、中・高音域にウェイトを置いた楽器だ。

　ということで、子どもたちが使っているリコーダーは、中高音域は出しやすいが、低音域は出しにくく、アンサンブルや合奏の中では目立ちにくい。低音域を強い息で吹くと、ひっくり返ってしまう。中学年の子どもが、弱い息使いが苦手なことを考えると、低音をマスターするためには「強く吹いたらひっくり返ってしまう」「低音を響かせる息は弱めの息だ」という楽器の特性を頭に入れて指導をはじめなければいけない。

低音がキレイに出る4つのポイント

　ソプラノ・リコーダーの学習はシ、ラ、ソ、ド、レと左手だけで出せる音を一通り練習したら、ファ、ミ、レ、ドと低音域の練習に移っていく。低音域は、いくつか注意しなければならない点がある。それを、先生も子どもも自覚して取り組まないと、器用な子だけ、偶然上手くいっている子だけがクリアできる、ということになってしまう。次の4点に気をつけてみよう。

①息の使い方
②タンギングのしかた
③指穴にすき間ができないこと
④ウィンド・ウェイをきれいに

　子どもによっては、このうちの二つ以上が重なって低音が出ないことがある。そういうときは、まず、息の使い方から解決しよう。例えば先生が子どものリコーダーを持って、低いドの指を押さえてあげて、その子は息だけ吹き込む。指穴はちゃんとふさがっているので、あとは息使いさえ調整すれば立派な音が出る。

　自分の楽器が、ちゃんと低音が出せる、不良品でない立派な楽器だと子どもが納得する必要がある。納得していないと「僕の楽器は、不良品ではないのか？　みんなはあんなにきれいな低音が出ているのに……。先生は僕に壊れたリコーダーをよこしたんじゃないか……？」と、楽器のせいにしてしまう可能性もある。

①息の使い方
　ホーと太い息。冷たい手に温かい息を吹きかけるように、ハー。ゆっくりしたスピードで息を出す。やさしい感じの息使い。しかも、よく鳴

楽譜1　低音の練習

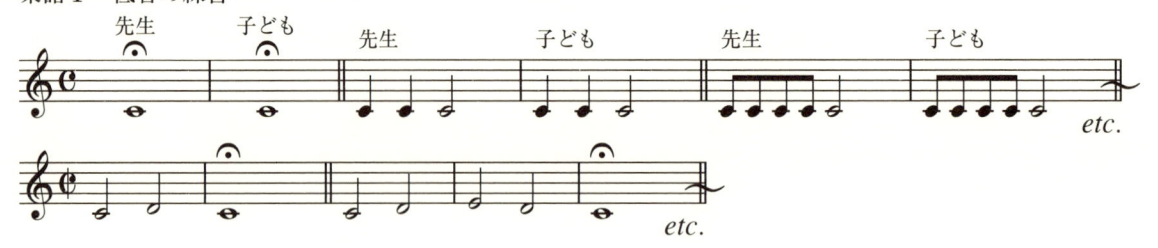

らすには、管全体に息が満たされるように。ひっくり返る寸前まで息を強くしていって、限界点を覚えておいて、よく鳴った低音を出せるように。

②タンギングのしかた

　低音域に合ったタンギングを体で覚える。低音域の、例えばドを連続してタンギングしてみる。音がひっくり返らないようにするにはトゥ、トゥ……よりはドゥ、ドゥ……、ド、ド……に近いタンギングをしているのではないか。実際にリコーダーから出ている音で、低音にふさわしいタンギングかどうかを判断する。

③指穴にすき間ができないこと

　まず目で見て、全ての指穴にすき間が無いことを確かめる。実際に吹くときは指先の感覚だけが頼りなので、指先の感覚を鍛える。指には力を入れすぎず、程よい圧力で穴をふさぐ（楽譜1）。

④ウィンド・ウェイをきれいに

　ウィンド・ウェイは息の吹き込み口から音が鳴る部分までの数センチメートルの狭い息の通り道だ。長い期間吹いていたり、唾が多く出る子のウィンド・ウェイは、汚れたり詰まったりして、音が出にくくなっていることがある。リコーダーの鳴りや音色などに悪影響が出て、低音域も鳴らしにくくなる。ウィンド・ウェイをきれいにしてあげると、とても低音が出しやすくなる。手入れの方法はp.7を確認しよう。

では、《行こうかな　どうしよう》《のんびりひるね》を吹いてみよう！

ポイント

リコーダーの低音域は鳴らしにくい音域だということを自覚した上で、

①息をゆっくり出して

②低音にふさわしいタンギングで

③指穴にすき間ができないように吹くのがコツ。

④ウィンド・ウェイが汚れていたらそうじをしよう。

行こうかな どうしよう
レミソラシドによる

♪ Track 15、16

千田鉄男　作曲

[演奏のポイント]

- さわやかな朝，希望の朝。でも，ときには，ふだんは元気な子どもでも，気分の重い朝があります。少し歩いては立ち止まり，少し気持ちが軽くなったかと思えばまた重くなる…。そんなイメージの曲です。
- レミソラシドの音が出てきますが，主にレミソの低音練習を意識してください。
- たとえば，小品を3曲つなげて演奏するときの第2曲目としても，おすすめの曲です。明るい曲ではさんだら，明暗のコントラストがつきますね。

低いドの練習
のんびり ひるね（カノン）

♪ Track 17、18

千田鉄男 作曲

©2012 by ONGAKU NO TOMO SHA CORP.,Tokyo,Japan.

[演奏のポイント]

●はじめて，低いドに取り組むときの練習に適した曲です。1段目がポイントです。慣れないうちは，ドの音がしっかり出るか確かめてから吹き始めると良いでしょう。ドを4拍のばし，さらに2拍のばし，それから小指，薬指を動かし再びドに戻ってきます。戻ってきたドをしっかり出すことができるでしょうか。

●演奏の仕方はいろいろ工夫できます。いくつか例をあげておきますので取り組んでみてください。
① ピアノ伴奏なしで，リコーダーだけで一度ユニゾンで最初から最後まで吹く。その後，3つのグループに別れカノン（輪奏）で吹く。終わり方はそれぞれのパートが1回，または2回吹き終わったら，順次やめていく。
② ①と同じやり方だが，全員同時に終わる。例えば，カノンの最初に吹きはじめたグループが2回吹き終わるところを全員でフェルマータにする。
③ ピアノの伴奏をつける。前奏につづいて，①や②の要領で吹く。

case10 正しいサミング、できてますか?
──高音のコツ

リコーダーの高音域

　case9（p.46）で、子どもたちの使っているリコーダーは中音域や高音域が出しやすく作られているという話をした。確かに楽器の特性はそうなのだが、だからといって、子どもたちが簡単に中・高音域を出せるわけではない。サミングをした高いミは、その音だけ吹かせれば、ほぼ全員が出すことができると思うが、その上のファ、ソ……となると、上手に出すことができる子は、ぐっと少なくなる。けれども、コツさえつかめば、ほとんどの子が、ファやソを出すことができるようになる。

　いま、高音域という言葉を使ったが、授業で扱う「高い音」とリコーダーの高音域との間には、ずれがある。授業では高いミ、ファのあたりを「高い音」として扱うが、実はリコーダーの高音域とはもっと上の音域だ。高いドレミファソあたりまでは、みなさんの学校でも取り組むと思うが、さらにその上の音も出る。子どもたちが高い音と思っているミファソの上の、ラシドレミ、あるいはもう少し上まで出すことができる。

　高音域というと、あるコンサートでの愉快なできごとを思い出す。
　モーツァルトの歌劇「魔笛」の中でパパゲーノが歌う有名なアリア「おいらは鳥刺し」をリコーダー四重奏の編曲で聴いていたときのことだ。ソプラノ・リコーダーがアリアのメロディーを吹きながら時おりパパゲーノがアリアの途中で吹くパンパイプの音も入れる。アリアのメロディーよりオクターブ高い音域で、素早くソラシドレ！と吹くことになる。リコーダーの愛好家ならこのアリアのメロディーとパンパイプの高音が、ソプラノ・リコーダーだけでカバーできることがわかっているが、子どもが、これを聴くと「どうなってるんだろう？ 2本の笛を使っているんだろうか？ 何か、かくしているにちがいない……」などと思ってしまう。

　最前列で聴いていた子が、本番中なのに、ついに強い好奇心を押さえきれなくなってしまった。演奏の真っ最中に、奏者ににじり寄って、譜面台の下からどんな吹き方をしているか覗き込んだのだ。奏者はびっくりしただろうが、何とも微笑ましい光景だった。

　case4（p.20）のところで指穴の番号に触れたが、リコーダーは、左手親指（0）人差し指（1）中指（2）薬指（3）、右手人差し指（4）中指（5）

薬指(6)小指(7)の8つの指穴を駆使していろいろな音を出す。ところが、もうひとつ、第9の穴があることをご存知だろうか？

　そう、リコーダーの足部管の下に開いている穴だ。もちろん指ではふさげない。足で、というより、モモからヒザのあたりを使って、この第9の穴を、全部ふさいだり、半分ふさいだりしながら0～7の指穴だけでは出せない最高音域や、低音のドより下のシやファの音を出すのだ。リコーダーの音域は子どもたちが考えているより、はるかに広い！

高音のコツ

　高いミファソラの音の出し方のコツを考えてみよう。ポイントは次の3点だ。
①サミングのしかた
②息使い
③タンギング

①サミング
　左手の親指の穴の上の部分に、すき間をつくるのだが、ほとんどの子が開けすぎてしまっている。高いミの音は、どんな開け方でも、極端な話、全部開けてしまっても高い音になるが、高いファ、ソ、ラ……となると、小さなすき間でないと失敗してしまう。左手親指を軽く曲げたり、ずらしたりしながら、穴の上の部分にごく小さなすき間をつくる。

　子どものつくっているすき間が大きすぎないか、先生は一人一人確かめてあげた方が良いだろう。「髪の毛が一本入るくらいのすき間だよ」などと言いながら、先生のサミングを見せてあげると良い（写真1、2）。私のサミングの状態を見せてやると「えっ？　開いていないんじゃないの？」と言われるくらい小さなすき間だ。上達してくれば、そんなに神経質にならなくてもいいが、はじめのうちは、とにかく開けすぎに注意だ。以前「裏の穴を半分開ける」と書いてあるテキストを見たような気もするが、半分では開けすぎだ。「小さなすき間をつくる」というイメージだ。

　たまに、見た目にはすき間は小さいのだが、うまく出ないということがある。爪が伸びていないだろう

（写真1）
指先で押さえる場合

（写真2）
指の腹で押さえる場合

part2　リコーダーが大好きになる12のコツ・53

か？ 爪によって、実際に見た目より大きなすき間になっていることがある。要注意だ。

②息使い
　高音のもうひとつのコツは、息使いだ。
　吹いている最中に咳が出たりすると、ピッと高音が出る。このことからもわかるように「強めの息で吹く」「息のスピードを速くする」というのがポイントだ。
　けれども、それだけでもないようだ。私が高音を出しているとき、自分の吹き方を観察すると、弱い息、スピードが遅めの息でもちゃんと出ている。高音を鳴らすために、息の種類を変えているような感じがする。口笛で高い音を出すときの息の感じ、とでも言ったら良いだろうか。
　子どもに、高いラの音が出てくる曲を教えたとき「マック・シェイクをストローから強く吸っているような口やのどの状態で、そのまま息を出してみなさい」と変な指示をしたら、いい結果が出たことがあった。

③タンギング
　それからタンギングをしっかりすることを忘れてはいけない。タンギングをしないと、音の出だしが、一瞬、低い音を引っかけたような感じになってしまうことがある。

　低音のコツ、高音のコツと見てくると、いまさらながら、リコーダーの息使いというのは実は多様だということがわかる。まさに、体を使って、感覚をフルに使って吹かないと、いい音にならないということだ。
　それでは高音の練習をしてみよう。さらに、高音と低音のドレミファの違いを意識して練習してみよう（楽譜1、2）。

ポイント
①サミングは、穴の上の部分にごく小さなすき間をつくるというイメージで。
②少し強め、速めの息使いが高音を出しやすい。ただし、口笛で高い音を出すような「息の種類」ということも忘れずに。
③タンギングをしっかりする。ただし乱暴にならないように。

楽譜1　サミングの練習

楽譜2　高音と低音の違いを意識して

こ ど も の か え る　　お と な の か え る

part2　リコーダーが大好きになる12のコツ・55

case 11 リコーダーで強弱はつけられるの?

　音楽表現の大切な要素として、強弱による表現がある。
　多くの楽器は強い音も弱い音も問題なく出せる。太鼓、ヴァイオリン、トランペット等々。ピアノはもともと「ピアノ・フォルテ」という名前が付いているくらいだから、ささやくような弱音から大迫力の強音まで出せる楽器だ。楽器の略号の「pf」という記号を、目にしたこともあるのではないか。他の楽器もピアノからフォルテまで出せるが、ピアノだけに特別「ピアノ・フォルテ」という名前が付いているのは、音楽史上それまでのチェンバロやパイプオルガンなどの鍵盤楽器と違って、演奏者のタッチによって弱い音から強い音まで出すことができる画期的な鍵盤楽器の登場、という意味合いからであろう。
　けれども楽器の中には強弱表現が苦手なものもある。たとえば今出てきたチェンバロ。そしてリコーダーもそうだ。チェンバロはどの弦をはじくかを選択する装置により、音色や音量を変えられるが、強いタッチで弾くと強い音が出るとか、弱いタッチで弾くと弱い音が出るということはない。リコーダーは強く吹くと強い音が出て、弱く吹くと弱い音が出るのだが、それに伴ってピッチも上下してしまう。

替え指

　プロのリコーダー奏者が、上手に強弱の変化をつけて演奏できるのは、息を強くしたり弱くしたりするのに伴って指使いも変えているからだ。
　学校で教えるときには当然、一番基本になる普通の指使いを教える。シはこうですよ、ラはこうですよ、というように一つずつ教えていくが、実はそれとは別に「替え指」というものも使われているのだ。
　何のために替え指を使うかというと、
①指使いを簡単にするため
②ピッチを調整するため
③音色を変えるため
④強弱をつけるため

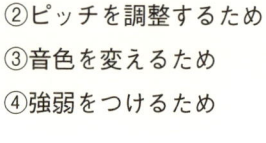

などの目的のためだ。少し詳しく見ていこう。

①指使いを簡単にするため
　トリルや、装飾音や、速いパッセージを楽に演奏するために、替え指を使う。
　リコーダーはルネサンス時代やバロック時代に全盛期をむかえたが、バロック音楽にはトリルや様々な装飾音が出てくる。ピアノのレッスンで、J.S. バッハの『インヴェンション』を弾いたことのある方は、いろいろな装飾音の記号を目にしているはずだ。

②ピッチを調整するため
　普通の指使いで吹くと少し高くなってしまう、または低くなってしまうのを修正するために替え指を使う。あるいは純正なハーモニーを作るために、意図的に高めのピッチ、低めのピッチにするとき、替え指を使う。

③音色を変えるため
　普通の指使いとは違った音色を出すために、替え指を使う。

④強弱をつけるため
　ピッチを変えずに強めの音、弱めの音を出すために、替え指を使う。
　実際の演奏の場面では①〜④の要素が重なっていることもある。

　今、もし近くにリコーダーがあったら実際に替え指を体験していただきたい。まずはわかりやすい例からやってみたい。高いドの音で普通の強さ、弱い音、強い音の3種類を出してみよう（楽譜1）。念のため以前お話しした指番号を確認しておこう。裏側の親指の穴が0、そして上から1、2、3、4、5、6、7だ。

普通のド → 02（左手親指と中指の穴をふさぐという意味）

弱いド → 03（左手親指と薬指の穴をふさぐ。）
　かなり上ずった音が出るが、息を弱くしていって普通のドと同じ高さにする。ほーら、かなり弱いドになったでしょう。

強いド → 0245（左手親指と中指に右手の人差し指、中指を加える）
　かなり強く吹き込まないと普通のドまで上がらない。ほら！　強いドになったでしょう。

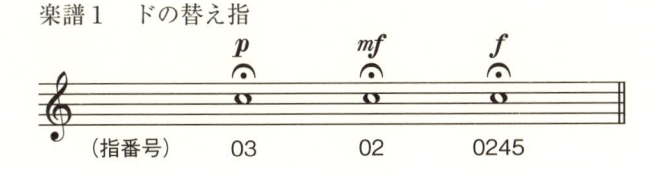

楽譜1　ドの替え指

（指番号）	p	mf	f
	03	02	0245

これらの替え指は話をわかりやすくするための例だが、実際はこれほど極端にピッチが違う替え指を使うことは少ない。
「へーえ、なるほど」と思った先生は、もう少し試してほしい。

ソ → 0124567（全部ふさいで左手の薬指の穴を開け、そっと吹く）
高いレ → 1234567（全部ふさいで左手の親指の穴を開ける）
シ → 023（左手親指、中指、薬指の穴をふさぐ）

授業で替え指は使える？

　プロの演奏家は、このような替え指を駆使しながら、魅力的な演奏をくり広げているのだ。
　でも……こんなややこしいこと、実際に曲を吹くとき子どもたちが出来るのだろうか？　ためしに先生が、何かの曲でやってみるとよい。クラブの子だったらあるいはできるかもしれない、というハイ・レベルのテクニックだ。
　結論を言うと、強弱をつけるために替え指を使うのは、子どもには、というか今の学校の現状には向かない。こんなに長々と書いてきて、体験までしていただいて恐縮だが、替え指を使って強弱をつけるのは子どもには難しすぎる。それをわかってもらいたくてお付き合いいただいた。
　リコーダーの初心者はあまり強弱をつけない方が良い。上ずったりぶら下がったりしない、正しいピッチが出せる息の強さで吹き続けるのが基本だ。
　でも……少しは強弱をつけたいですよね。いいでしょう！　でも少しです。それをはみ出すと、ピッチや音色に問題が出てきてしまう。はみ出す場合は替え指が不可欠だ。

ポイント

授業や発表のリコーダー合奏で強弱をつける場合は、
①ピッチ的に許容範囲と思われる程度に、普通の音に対しほんの少し強め、ほんの少し弱めの音で吹く。全員でやると意外と効果的だ。
②強弱をつけたいところでスタッカートやテヌートの奏法を有効に使い、音の長さの違いで強弱がついているような印象を与える。
③ソロ、少人数、全員など人数の増減で強弱をつける。

case 12 ♯、♭をどう扱うか?

ねこふんじゃった

　さあ、そろそろ授業が始まる。音楽室に近づくにつれて何か曲が聞こえてくる。「おおっ！　今日も誰か『ねこふんじゃった』を弾いているではないか！」

　どうしてみんなこの曲を弾きたがるのだろう？　想像するにピアノを習っていない子でも弾きやすい秘密がこの曲にひそんでいるからではないか。

　子どものころ、私はこの曲が弾けなかった。小学校に入学すると同時に、家の前の幼稚園で始まったオルガン教室にいやいや通わされた。（そのおかげで今はこうやって音楽の先生をやっているのだから、親に感謝しなければいけない。）

　いやいやながらも、私は一応両手で曲を弾けるようになっていた。けれども、オルガンなんか全然習ったことのない子が『ねこふんじゃった』をものすごいスピードで弾いているのを見て、頭がくらくらしてきたのを覚えている。

　オルガン教室では絶対使わない数の黒鍵を、嬉々として自由自在に使いこなしているではないか。それだけではない。左右の手を交差させて左手が右手よりも高い音でメロディーを弾いている。なんというハイ・テクニック！　ガ〜ン！　と、ショックを受けた。

「ねこふんじゃった」は移動ドの階名で言うと、ラソドッドッドと聞こえてくる。よーし、まずはハ長調で、この曲をマスターしようとがんばった。それができたら移調すればいいわけだ。えーと、確か最初はミ♭からはじめていたから……ミ♭レ♭　ソ♭ッソ♭ッソ♭……なんと、変ト長調という、オルガン教室では見たことも聞いたこともないような、調号に♭6個もつく難曲であることが判明した。苦節1ヵ月の猛練習のかいあって何とか弾けるようになった。それにしてもオルガンも習っていないあいつが、何でやすやすと超スピードで弾くことができるのか……。

　このような子どものころのワンシーンを思い出してしまったのだが、『ねこふんじゃった』を弾いている子は楽譜なんか全然意識していないのだ。2つ並んだ黒鍵、3つ並んだ黒鍵を目印に理屈ぬきで、♪ねこふんじゃった〜と弾いていたのだ。

　それにしても『ねこふんじゃった』ってなんだろう？　出どころはど

こなんだろう？　外国人も知っているのだろうか？　外国の子どもも弾くのかな？

派生音を聴きわける耳を育てる

　前置きが長くなってしまったが、この章のテーマはリコーダーの「派生音」の話だ。派生音とは幹音―ピアノで言うと白鍵―を半音高くしたり低くしたりして変化させた音、簡単に言うと黒鍵のことだと思えばよい。ミの♯は白鍵のファ、ドの♭は白鍵のシ、さらにはダブル♯やダブル♭も派生音ではあるが、単純に黒鍵の話だと思っていただければよい。

　リコーダーを３年生で習い始めて、まずはシラソドレと真ん中あたりの音を覚える。次にファミレドと低い音を覚える。さらに高いミファソのサミングを覚え、お次は派生音というわけだ。

　ご存知の通り、子どもの持っているリコーダーは全ての派生音が出せる。子どもの前で半音階を吹いて見せると「すごーい」と、ちょっと感心してもらえる。

　子どもが練習している様子を見ていると、♯や♭にするところを、普通の白鍵に当たる音で吹いている子を見かけることがあるが、気持ち悪くないのだろうか？　本人は「なんか、ちょっと変だな……」くらいは感じているかもしれないが、本当に我慢ができないほど気持ち悪かったら、何とかしようと工夫したり、どうしたらよいか聞きに来たりするはずだ。気持ち悪く感じるというのは音感が育ってきたということだろう。

　幼児が、くつを左右逆に履いて平気でいるのを見かけることがあるが、大人だったら気持ち悪くてしょうがない。戯れに高学年に左右逆に履いてみなさいとやらせたことがあるが、気持ち悪いと大騒ぎだった。こういう感覚を♯や♭に対しても持ってほしいものだ。

　派生音が出てくる曲で、♯や♭を落としている子が混ざっていると大変なことになる。ファとファ♯、あるいはシとシ♭が同時に聞こえてしまうからだ。ピアノやオルガンで試してみるとよい。曲の途中でその濁った音が聞こえてくると、何とも気持ち悪い。

　そんなことになってはたいへんと、ト長調やヘ長調の曲を階名唱するときに、ファの♯のことを早口に「ファシャ」と言ったり、シの♭のことをやはり早口に「シフラ」と言ったりして、子どもの印象に残るようにしている。実際に階名唱するときには、ファ♯を「フィ」シ♭を「テ」などと言う方法もあるので、ぜひ効果のほどを試してみるとよい。しかしこれだけで完璧になるわけではない。

ファ♯とシ♭のゆびづかいは覚えよう

　派生音に限らずリコーダーの指使いは、「指使い」「階名」「音符」「実際の音の感じ」という、４つの間を自分の中で何回も何回も行ったりき

たりしないと定着できない。

　小学校のリコーダー学習でよく使う派生音はシ♭とファ♯だ。その他の音も使うことはあると思うが、圧倒的にこの２つの派生音を使う頻度が高い。シとシ♭、ファとファ♯をはっきり区別して両方の指使いに慣れている必要がある。ついでながら低いドレミファソと高いドレミファソも、やはりはっきり区別できなければいけない。

　区別しながら覚えるという視点で考えると、シ♭の指使いを確認するときにはシもついでに思い出し、ファ♯を確認するときにはファもついでに確認するという心構えでいないと、なかなか定着できない。高いドを確認するときには低いドも、低いファを確認するときは低いファ♯や高いファも、というくらいのつもりでないと、教えたはずの指使いが「あれっ！　どんな指使いだっけ？」となってしまう。ファ♯とファ、シ♭とシの違いを意識して楽譜の《きらきら星》を吹いてみよう。

　私はよくリコーダーの教材を作曲したり編曲したりするが、小学生のための教材なので、使う派生音も制限している。ファ♯、シ♭はよく使う。高いファ♯も使いたいのだが、ジャーマン式のリコーダーだと複雑な指使いになるので、出版されるような教材にはぐっと我慢して使わない（バロック式ならとても簡単な指使いなのだが）。先生方もリコーダー教材を作ったり編曲したりするときは、派生音に注意したほうがよい。

> **ポイント**
> ①「指使い」「階名」「音符」「実際の音の感じ」という、４つの間を何回も何回も行ったりきたりして定着させる。
> ②幹音の運指を確認するときは派生音も、派生音の運指を確認するときは幹音もついでに確認し、区別しながら覚える。

ファ♯とファ，シ♭とシの練習
きらきら星

♪ Track 19、20

フランス民謡
千田鉄男 作曲

[演奏のポイント]
①小学校のリコーダー学習でよく出てくる2つの派生音シ♭とファ♯を，ふつうのシやファと区別しながら練習する曲です。
②長調と短調の感じの違いを味わいながら練習しましょう。
③♯，♭，♮の読み方と意味を覚えましょう。

column 1
差音

　ソプラノ・リコーダーの二重奏の曲を吹いていると、なんだか気になる音がしょっちゅう聞こえてくる。ハエか何かが飛び回っている音のようでもある。ビービーという音と言ったらよいだろうか、明らかに2人が吹いているリコーダーとは違った音が聞こえる。なかにはこの音が気になって「先生、何か変な音が聞こえます」と訴えてくる子がいる。

　この変な音は「差音」と呼ばれている。「サオン……？」そう、差音だ。辞書には「二つの純音の振動数の差によって生ずる音」（広辞苑）とある。純音とは音叉を叩いたときに出る、倍音を含まない、オシロスコープで見ると単純な正弦波形の音である。リコーダーの音は純音に近いので、二重奏をしたときなど差音が聞こえてくるのだ。

　ちょっと実験をしてみよう。ソプラノ・リコーダーのシと高いレの短3度の音程で、ロングトーンをしてみよう。大勢で吹くのではなく2人でやるのがわかりやすい。同時に鳴らすと、何だか変な音が聞こえる。ウーというかビーというか、2人が吹いている音よりかなり低い音がする。これが差音だ。

　ロングトーンをしながら息を少し強くしたり弱くしたりすると、つまりピッチを高くしたり低くしたりすると、この差音も同時に動く。耳ざわりな音なのだが、2人の音程が完璧な短3度になったときには、低いソの音（吹いているシの3度下のソのオクターブ下の音）が聞こえるはずだ（楽譜1）。ということは、2人で出しているシとレをバスのソが支えているような結果になり、ソシレの和音でとても豊かな響きになる。2人なのに3人分の音が聞こえてくるのだ。

楽譜1　差音の例

　ただし音程が完璧でない場合は、下手なバス奏者が加わっただけということになる。もし2人が完璧な音程で二重奏をしたならば、バスの声部も加わり三重奏をしていることになる。すごい！

　理想的にはそうだが、実際に演奏しているときは差音のことだけを気にしてやっているわけではないので、そんなに上手くはいかない。私も、終止音や曲中のポイントになる箇所では差音を聴くようにしているが、ほかのところは別のことに関心が向いているので、差音のことばかりを気にしてはいられないし、それでかまわないと思う。

　子どもには、差音を聴きながら演奏をするというのは少し難しいと思う。ただ「先生、変な音が聞こえます。この音、何ですか？」と質問されたとき、「その音の正体は……」と説明してあげられたら楽しいではないか。

　私がリコーダー・アンサンブルを始めた頃のことだ。差音を聴きながら美しいハーモニーをつくるというのとは少し違う話になるが、3人で曲中のある箇所の長三和音をきれいに響かせる練習をしていた。純正なハーモニーをつくりだすため、まずは2人で完全5度を完璧な音程で鳴らす。その2人の音の間に第三音を加える。平均律の第三音のピッチでは純正なハーモニーにならないの

で、少し低いほうへ微調整していってポイントを探す……。ぴたりとポイントに来たとき、リコーダー３本の音がフワッと広がり、大きな音になり、輝かしい響きとなった！

　純正なハーモニーのついでに倍音にも少し触れる。倍音というのは「振動体の発する音のうち、基音の振動数の整数倍の振動数を持つ部分音（上音）」（広辞苑）と、辞書にはややこしいことが書いてある。しかし金管楽器を吹いたり指導したりしたことのある先生なら感覚的に分かっているはずだ。ここにＣ管（ドが最低音）のラッパがあるとしよう。ラッパは指でピストンやバルブを操作しなくても、唇の緊張のさせ方によってたくさんの音が出せるが、出せる音は低い方から決まった並び方になっている。一番低いドの次に出る音はオクターブ高いドだ。その上を順番に並べると、ソ・ド・ミ・ソ・シ♭・ド……。同じ長さの管からこんなにたくさんの音が出る。これが倍音と言われるものである。

　ラッパがドーと鳴らしている、その単音自体にもほかの倍音を含んでいる。数人でラッパを吹いていて、音が協和したときには、たくさんの倍音が鳴り響き、輝かしい響きになる。

　歌声にもその音だけではなく倍音が含まれている。耳のいい人なら、一人が長くのばしている歌声からも倍音を聴き取ることができるだろう。

　簡単に倍音を聞き取れる方法がある。これも実験してみよう。子どもたち全員に低いドをぴったりと高さを揃えて「アー」と長くのばして歌わせる。子どもの歌声のほかに聞こえてくる音はないか、耳をすませてみよう。するとオクターブ高いドが聞こえる。これは、一人ひとりの声のなかに含まれる倍音が集まって、はっきりと聴き取りやすくなったものと思われる。

　慣れてくると歌いながらでも聞こえるが、はじめのうちはクラスを二つに分けて、半分は歌う方、半分は聴く方というやり方が聴き取りやすいだろう。このオクターブ上の声に気づいた子は「おばけの声だ！」と言ったりするが、お化けというよりは「天使の声」のようなきれいな響きだ。

　差音、倍音と、何だか物理のようになってしまったが、音が鳴るというのは物理的現象である。上手な演奏、きれいなハーモニーなどとよく言うが、見事なハーモニーが生まれているときには、実際には歌ったり弾いたりしていないたくさんの音が同時に鳴り響いているのだ。（この音響のなかにいる幸福感！）

　良い演奏団体は、実際に出している音そのものもすばらしいが、それに加えて実際には出していないたくさんの音まで一緒に鳴り響き、輝かしい音響をつくり出しているのだ。

　導入時のリコーダーの二声部の曲、あるいは合唱や輪唱で、確かに分かれてはいるし、つられてはいないのだが何かが違う、という場合は、二つの声部が協和していないということも原因のひとつだ。しかし、リコーダー、金管バンド、吹奏楽など、奏者がピッチをつくり出せる演奏形態は、もちろん合唱も含めて、完璧なハーモニーを生み出せる可能性がある。

part 3

リコーダーが もっと好きになる!

1 指導のコツ

1. グループで聞かせにくる。ハンディあり！

　私は、グループでの活動をよくやらせるが、あまり深く掘り下げて考えているわけでもないので、「これがグループ学習の見本です」というようなことは紹介できない。しかし振り返ってみると、私がグループを編成するときに、機械的に人数を分けているわけでもない。授業形態も、全体だったり、グループだったり、個人だったりするが、こういう場合はグループでやらせようと、私なりに何か判断しながらやっているようだ。

　ということで、どうやってグループを作っているのか、そして、リコーダーの学習ではどんなことをグループでやっているのか改めて考えてみた。

男女混合グループの作り方

　私の音楽の授業では、1クラスを6グループに分けることが多い。例えばクラスの人数が30人、男子15人、女子15人だとしよう。各グループは5人ずつになる。男女混合にしているので、男子3人女子2人のグループが3つ、男子2人女子3人のグループが3つできる。4年生以上の子たちは、私の出す条件に従って自分たちでメンバーを決めていく。

　まず、男子は男子だけで、女子は女子だけで、それぞれ6グループを作る。条件は歌の力がどのグループも同じくらいになることだ。大きな声でしっかり歌える子が3人そろったグループは、そのグループだけ見れば結構なことだが、2部合唱や3部合唱をするときのことを考えれば、各グループの力が同じくらいでないと、どこかほかのグループが苦労することになる。

　こうして、均等に分けたつもりでも、やはりでこぼこはできる。それを男女の組み合わせのときに考慮する。さらに、2部合唱のために3グループずつ組み合わせるときにも考慮する。こうすることで、完璧とはいかないがかなり均衡が取れる。6グループというのは、3部合唱をするときにも2グループずつに分けることができ、活動しやすい数だと思う。

　同じようにリコーダーの得意不得意を考えて、リコーダー用のグルー

プを作ればよさそうなものだが、この「歌のためのグループ」で代用している。それでも別に問題はなく、リコーダーの力もだいたい均等に分かれているように思う。

グループで先生に聴かせる

　リコーダー学習のときに、ワークやドリルを使って個人チェックをし、合格印を押したりシールを貼ったりして進めている先生も多いと思う。上手な子に手伝ってもらって、合格チェックをしたりすることもあるのではないか。私もいろいろやったが、今は「グループで私に聴かせに来る」という方法をとっている。なぜ「グループで」なのかというと、苦手な子が少しずつ力をつけていくのに適しているし、クラス全体の力も引き上げられると考えているからだ。

　グループで私に聴かせに来ても、でき具合により「ちょっと一人ひとり吹いて聴かせて」ということになったりもする。けれども、聴かせに来る前にグループで落ちこぼしのないように練習をしている、ということが重要なのだ。

　グループ練習に対する指示として、もし「グループの全員ができたら聴かせに来なさい」と言い続けたら「この子がおれたちのグループにいるせいで、いつまでも先生のところに聴かせに行けない！」と、苦手な子に対する不満が出てこないとも限らない。私としては、苦手な子はその子なりに、毎時間少しずつでも上達すれば立派に合格だと思っている。「リコーダーはむずかしいから、おれ、やーめた！」と、あきらめてしまわなければ良いのだ。そのために「ハンディ制度」を使っている。

　ハンディとは、「競技などで、優劣を平均するために、優秀な者に課す負担条件（広辞苑）」であるが、私の授業では苦手な子がやらなければいけない場所を減らすのだ。ここは難しいからパス、ここは努力目標、ここは絶対できるようにする、と自分で決めたり、グループのメンバーが決めたりする。全部できる子と、ハンディありで部分的にできる子との間には、もちろん力の差があるわけだが、このような学習の進め方の場合、1番上手なのはだれで、2番目はだれで、というようなことにポイントを置かず、それぞれの子が前の時間の自分よりどのくらい上達したかがポイントになる。前の時間の自分より前進していれば胸を張って堂々としていなさいということだ。みんなが少しずつ上達したら、グループで、あるいはクラス全体で吹いたとき、明らかによくなっているはずだ。課題の与え方としては、どのグループも、だいたい5〜10分ぐらいの練習で私のところに来られるようにハンディを考える、という程度がよいと思う。

　ハンディを上手に考えるのが、苦手な子の力量、グループの力量を上

げることにつながる。上手な子も伸びるし、苦手な子もそれなりに伸びている、というのが良い状態だ。

　さて、グループでどんなことを聴かせに来るのかというと、曲中の1フレーズや、今までに習った指使いを確認するための音階などである。音階のときのハンディは、吹かないところをつくるというのではなく、苦手な子が吹ける速さに合わせてみんなで吹く、というものだ。どんなにゆっくりでもよいから、グループ全員でタイミングを合わせる。グループによっては、音階の一つひとつの音が全音符以上の、まるでロングトーンの練習をしているような速度になることもある。終りの音を吹き終えて「息が〜苦しい〜！」と大げさに訴える子もいる。少し速めに吹いたために、苦手な子がついていけなくて「残念！やり直し」と言われて戻っていくグループもあるが、この超スローグループは合格である！

発表会も「ハンディあり」

　このようにしてグループで伸びてきた力を土台にして、合奏を磨いていく。

　音楽会などでの発表のときも、この「ハンディあり」の延長だ。発表のときには完成形を披露したいのが人情だが、なかなかそういうことは出来ない。限られた練習時間の中では、個人としても全体としても、完成しきれなかったところが残る。だから、その時点での途中経過を発表するようなものにならざるを得ないが、私はそれでいいと思っている。

　クラスや学年全員で取り組んでいるときには、私がハンディの指示を出すこともある。「ここは全員必ず出来るようになること！」「ここは努力目標」そして、発表の直前には「今の段階で絶対無理なところは吹かないと決めてしまって、堂々と休んでよし」あるいは「吹けている子よりも上手に見えるようにジェスチャーで参加しろ。その方が発表として視覚的に盛り上がるぞ！」

　つまり、ここは絶対成功させるぞ、ここは挑戦するぞ、ここは堂々と休むぞ、とすっきりした気持ちで発表に臨ませたいのだ。吹けない箇所になって、こそこそ隠れるような心持ちでステージに立って欲しくないのだ。そのためにも「ハンディあり！」だ。

ポイント

①グループで練習に取り組み、聴かせにくることにより、苦手な子にも少しずつ力をつけていく。
②苦手な子にはハンディを考えてあげて、その子にもグループにも、負担になりすぎないようにする。

2. 音符指導苦戦中

音楽学習では、ある程度楽譜に関する指導が必要だと思っている。リコーダーや合奏の指導では特にその必要性を感じる。しかし、私は楽譜の指導、音符の読み方の指導が下手で、何とかしようと試行錯誤をくり返している真最中だ。

やっぱり音符は読めると便利

音符指導はどの程度行えば十分なのかよくわからないが、リコーダーや合奏を指導していると頻繁に出てくる10数個の音符の階名は、子どもたちが瞬間的に言うことができると便利だとは思う。10数個とは、ソプラノ・リコーダーでよく使われるドレミファソラシドレミファソ（これで12個）、プラス・アルファくらいの音だ。それらの音符と階名と運指と鍵盤の位置が一致して理解されていると学習が進めやすい。

楽譜の中にはテンポ、調、強弱、表情などさまざまな情報が書かれているが、音高と長さ（リズム）は、その中でもとても重要だ。子どもたちが音高とリズムと両方わかってくれたらそれに越したことはないが、せめて音高だけでもわかってくれたら学習はずいぶん楽になるはずだ。

リコーダーや合奏をやりやすくする（？）ために、楽譜にドレミを書き込む、あるいはカタカナだけの楽譜で練習するということがある。私もやっている。でも、長年やってわかったことは、字を書くと子どもは音符を見ないということだ。音符を見ないから、頻繁にオクターブの間違いもしてしまう。その教材が終わり次の教材に入ったときは、また音符がわからない。だから書く……ということの繰り返しだ。

小学校の音楽の学習に必要なドレミはたかだか10数個である。1年生から6年間かけてこの10数個が覚えられないはずはない。小学校で覚える漢字の数に比べたらものの数ではない。ところが、6年間音楽を勉強し、鍵盤ハーモニカが吹けて、リコーダーが吹けるにもかかわらず、この10数個のドレミが読めない子が大勢いる。

ここで授業風景を二つ紹介しよう。

黒板の五線に4分音符を書く。「これがシの音ですよ」そのとなりにシを2分音符で書く。「それでは、これは何の音ですか？」すると「先生、ばかにしないでよ！」と何の迷いもなく答える子もいるが、う……ん、と考え込む子も出てくる。同様に、シラソと順に4分音符を書いて「これはシラソです」そのすぐ横にシラソと全音符で書いて「では、この3つの音は何の音ですか？」と聞くと、続々と答えられない子が出てくる。先生が子どもたちに向かい「みんなで一緒に言ってみましょう」と答

えさせるときは、ほんとはよくわかっていない子も周りの答えにつられて「シラン！」と答えていて、先生も当然こんなことは全員わかっていると勘違いしてしまう。だが、同じ質問を、たとえば皆を立たせて「わかった人だけ座りなさい」と投げかけてみると、全員サッと座るかと思いきや、立って考え続けている子がいる。座った子の中から「どうしてわからないの？　同じじゃないか。」という発言が出てくる。私も以前はどうしてわからない子がいるのかがわからなかった。

　別の例を見てみよう。
私「ドレミファソラシドと下から順番に言ってみましょう。」
子どもたち「ドレミファソラシド」
私「今、ドから順番に上って次の（オクターブ高い）ドまで言いましたよね。では、レから順番に次のレまで言ってください。A君どうぞ」
A君「レミファソラシドレ」
私「そうですね。ではBさん、ミからはじめてください」
Bさん「ミ……？　ミ……？？」

　このように、ド以外の音から音階を言わせると、Bさんのように途端にできなくなる子が出てくる。すらすら答えられるのはピアノなどを習っている子たちだ。下降音階もドシラソファミレはすらすら言えるが、ほかの音からでは言えない子が大勢出てくる。

思いついたらすぐに書く！

　話は突然変わるが、授業中子どもに教えながらふとアイディアが浮かぶことがある。教え方について、教材について、教室の配置についてなど、思い浮かぶことはさまざまだが、授業中に思いついたことは、とても価値があることだと私は思っている。

　ところが、授業が終わって、さっき思いついたことは何だったろうと考えると、思い出せないということがよくある。原因は年齢のせいだけではない。思いついたけれども、そのまま授業をすすめ、いろいろなことをやっているうちに忘れてしまうのだ。そのうち次の授業が始まったりすると、完全に頭の中から消えてしまう。

　そんなもったいないことにならないように、すぐ手が届くところに、メモ用紙と鉛筆を常に用意しておこう。必ずしも全てが価値あるアイディアとは限らないが、一つでも二つでも授業改善に役立ちそうなものがあれば、儲けものだ。授業中のメモだから、ていねいに書くなどということは不可能。自分だけにわかればよい。ミミズの這ったような字でも自分には読める。その思いつきは、すでに誰かが考えたことかもしれないが、自分にとっては新鮮でワクワクする宝物だ。

チダ式音符指導法

　私は近頃、リコーダーや鍵盤ハーモニカの学習の中で、できれば音楽の授業中だけの継続的な指導で、なんとか音符が読めるようにならないものかと、あれこれ考えながら教えている。もちろん、ピアノを習っている子が読めるレベルのことをいっているのではなく、単純に鍵盤ハーモニカやリコーダーでよく出てくる10数個のドレミを読むことができて、運指や鍵盤の位置と一致すればよい、というささやかなものだ。目標のレベルが低いような気もするが、これができればその先に見えてくるものもあるだろう。

　今までにも、いろいろな方法でやってきたのだが、そのたびに、何か少し足りないところがあるとか、いい方法だが時間がかかり過ぎるとか、今一つ決定版になりきっていないところがあった。現在もっともうまくいっている方法は（そして、これが決定版になってくれればいいのだが）**14枚の音符カードを全員に持たせて、毎時間1～2分間音符カードの時間を取る**というものだ。「なぁ～んだ。それだけ？」と思うかもしれないが、それだけである。

　でも、もう少し詳しく説明しよう。まず、全員に1組（14枚）ずつ持たせるということが大切だ。私が教える全員となると、400組ほど必要になる。となると、簡単に、しかもお金をかけないで400組のカードを作りたい。いろいろ試した末、B4サイズの厚紙に表裏の印刷をして（写真1、2）、裁断機を使ってカードの大きさに切る（写真3）という方法に到達した。14枚のカードとは、ドレミファソラシドレミファソとファ#、シ♭である。片面にはト音記号を伴った五線に音符が1個だけ書いてあり、もう片面にはカタカナで音名が書いてある。

　このカードの使い方を二つほど紹介しておこう。

①制限時間（たとえば1分）を設け、めいめいにカードをめくりながら音符が何の音か言って、裏を見て確認する。正解のカードと間違えたカードを分けながら14枚目を終え、間違えたカードをもう一度やり、全部正解になるまで続ける。個人でやることが多いが、ペアでやるとゲームのように盛り上がる。学年が進むにつれて、「正確に」だけではなく、「スピード」も心がける。スピードが上がらないと結局は使いものにならない。スピードを上げていって制限時間以内にできるだけ何サイクルもくり返す。

②カードをシャッフルして、音符の面が見えるように、ランダムに14枚並べ、はしの音符から順番にリコーダーで吹いていく。

　音符を読めるようにするためにもう一つの留意点は、リコーダー曲や

写真1、2 音符カードの印刷用紙。これを厚紙に両面印刷し、裁断する

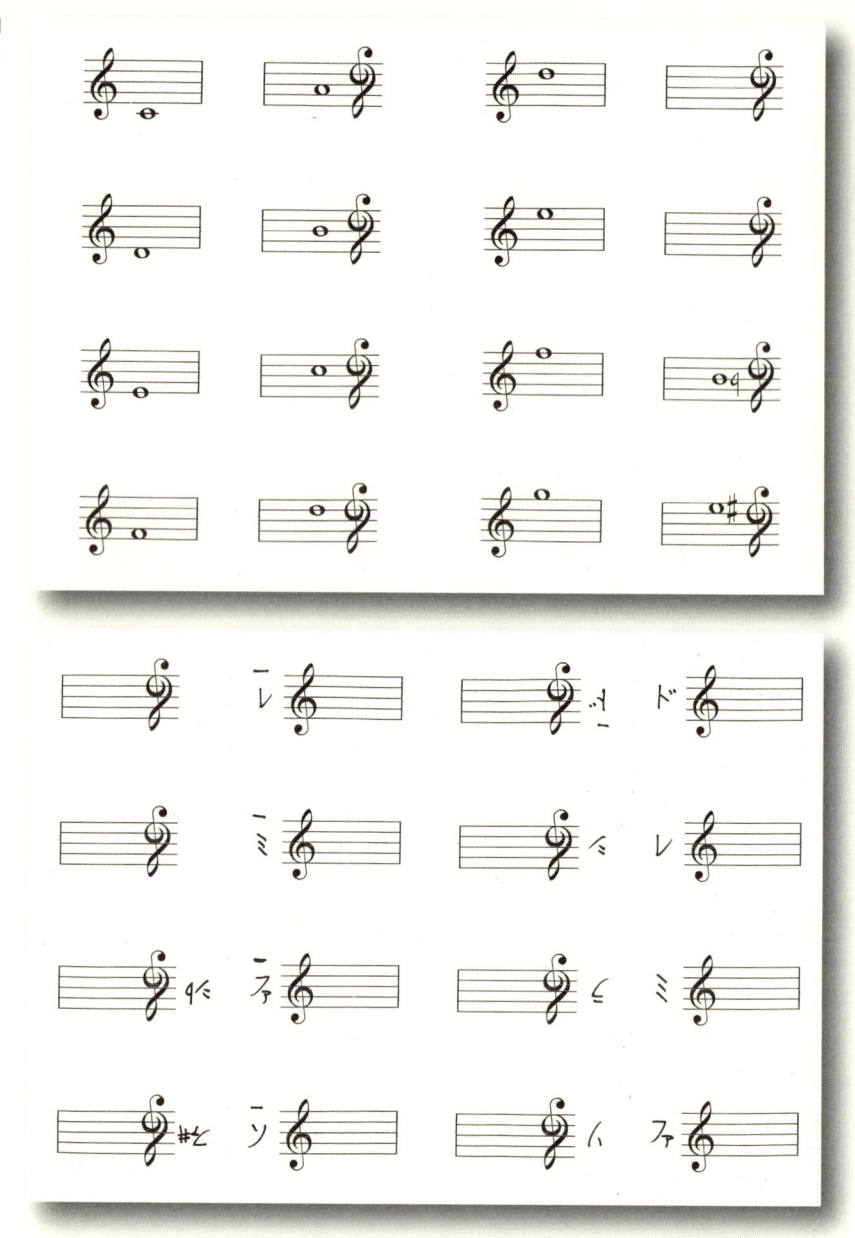

合奏曲の楽譜にドレミを書き込まないということだ。書いたら必ず字を見てしまう。しかし、はじめのうちは、音符を読むスピードが、曲が進んでいく速さに全然ついていかない。そこで、必要な子には、その授業時間だけドレミを書き込んだ楽譜を貸してあげるようにしている。授業後は回収し、また次の時間に貸してあげる。与えてしまわないところが味噌である。

写真3　裁断した音符カード

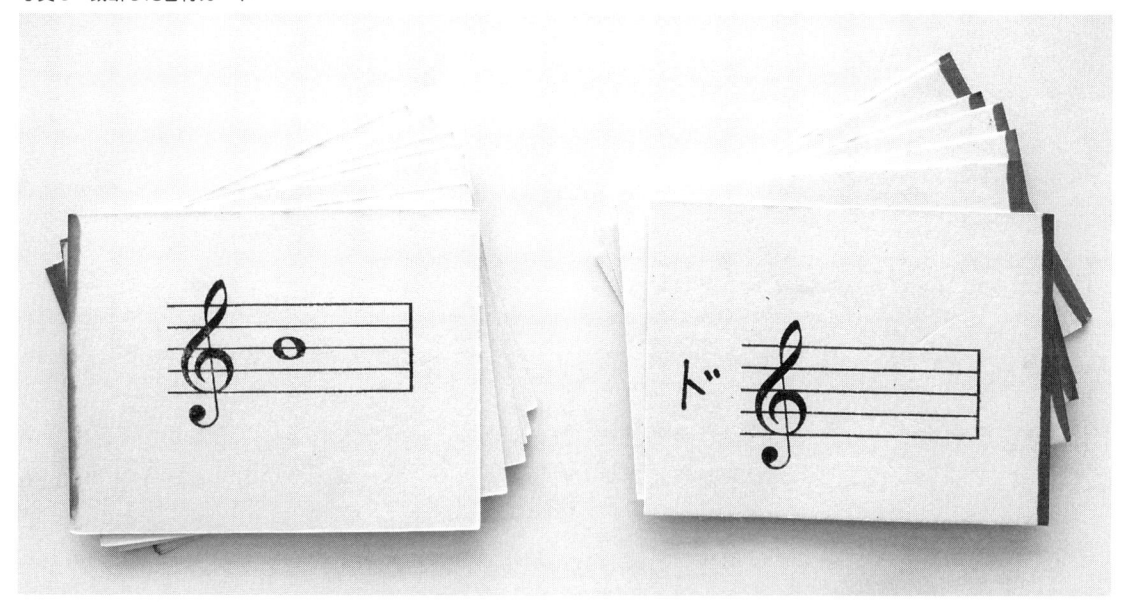

> **ポイント**
> ①よく出てくる10数個の音符・階名・運指が子どもの中で一致すると学習が大変進めやすい。
> ②字を見ている限り音符は覚えられない。
> ③授業中に思い浮かんだアイディアは、そのときメモしよう。

2 音楽会をしよう

1. 音楽会ではどんな曲を?

出発点を忘れない

　秋に音楽の発表の機会があるという学校は多い。もしかすると、音楽会でどんな曲を発表しようかと今まさに悩んでいる、という先生もいるだろう。
　学校教育の中での音楽会が、誰のための、そして何のためのものかというと、「子どものための、子どもを音楽的にも人間的にも成長させるためのもの」である。まず、このことをしっかり押さえておかなければならない。
　いざ音楽会の練習が始まると、そんな悠長なことを言っている場合じゃない、という状況になってくるが、いつも出発点を忘れないようにしたい。何か問題が起こった時は、出発点に照らしてその問題を考えてみることだ。もし、子どもが「なぜ音楽会なんかやらなきゃいけないんだ！」という素朴な疑問や不満をぶつけてきたとき、先生はそれに答えられなければならない。
　音楽会に向けた練習や発表を通して、子どもも先生も成長することが大切で、充実感を持って練習を進められたら、これはもう最高だ。そのためにも子どもたちには、はっきりとしためあてを持たせたほうがよい。心構えと音楽面に関するめあてだ。それがなければ、子どもも先生もただ大変なだけで、やれやれ、やっと終わった、ということになりかねない。

心構えを考えさせる

　発表の機会として考えられるのは、校内音楽会、学芸会、学習発表会、連合音楽会、保護者会などであるが、考え方によっては、授業参観や研究授業だって音楽会になりうる。
　参考までに、私の学校の5年生が連合音楽会に参加する場合を例に挙げる。例年、合唱曲のほかに、ソプラノ・リコーダー2パートとピアノ伴奏によるリコーダー合奏を発表している。他の学校はいろいろな楽器を使った合奏を発表しているが、私の学校ではリコーダーだけだ。積極的なねらいがあってそうしているのだが、子どもに他の学校の様子を予

告しておかないと「リコーダーだけで恥ずかしかった」という感想も出てくる。そこで連合音楽会の練習を始める際、子どもに次のような問いかけをすることにしている。
①連合音楽会は何のためにあるか。
②連合音楽会の練習や発表を通して、自分はどんなことを頑張りたいか。
③他の学校はいろいろな楽器を使った合奏をするが本校はリコーダーだけだ。本校の児童は合奏がとても上手だし、私も合奏が好きだ。なぜ、敢えてリコーダーだけなのか。
④連合音楽会は発表の時間よりも聴いている時間の方が長い。どのように聴くか。「静かに聴く」というだけでは5年生の答えとしてもの足りない。

　子どもたちの答えをまとめると、素晴らしい「連合音楽会へ向けての心構え」ができあがる。

選曲のポイント

　さて、もう少し間口を狭くして、リコーダーでどんな曲に取り組もうか、ということを考えてみる。スポットを当てるのは中学年だ。何故なら、高学年より中学年の方が選曲が難しいと思うからだ。

　選曲が難しい理由の一つは、中学年にはまだリコーダーを吹きこなす技術が十分備わっていないことだ。選曲していても、この指はまだ教えていない、この音は難しいという壁にすぐ突き当たる。運指の簡単な曲、というのが条件になる。

　もう一つ、選曲を難しくしている条件として、音楽会で発表する曲は、ある程度の長さがあったほうが良いということだ。小曲を何曲もつなげる方法もあるが、聴く方も目まぐるしい感じがするし、吹く方だって曲数が多いと大変だ。

　技術的に難しくなく、感覚的にも子どもたちが共感を持って取り組めて、ある程度の長さがある曲。そんな曲、世の中にあるのだろうか？ というと、あるのである。選曲を始める前に、その方面に詳しい先生に相談すると良い。私も、そのようなことも意識しながら、いろいろな出版物にリコーダーの教材を提供している。《はらっぱのうた》（楽譜1）など、ぜひ中学年の候補曲にあげてほしい。

統一感と変化を考えて

　ところで、音楽会での自分たちの発表がリコーダーの曲だけ、ということはまずないのではないか。歌ったり、合奏したり、その中でリコーダーを1曲……ということになる。当然、他の曲とのバランスを見ながら選曲することも必要になってくる。例えば、元気のいい歌を選んだらリコーダーはしっとりした雰囲気の曲にするとか、逆にしっとりした歌にはリズミカルなリコーダーの曲を組み合わせるとか。

統一感と変化を考えて交響曲や組曲のように、とまではいかないが、歌と楽器、全体のまとまりを少しは意識して選曲しよう。音楽の授業としても、感じの違う教材の組み合わせの方が、子どもにいろいろな刺激を与えられる。

　さて仮に、先生が研修会のときに勉強した曲やいろいろな教材集から、苦労の末やっと子どもたちにふさわしい教材の候補曲を3曲選び出したとしよう。この中から最終的にどれにしよう？　と悩んだ時は、さらに考えぬいて1曲にしぼるのが普通のやり方だが、子どもに相談するのも手だ。「音楽会でやる曲を選んでいて、この3曲のうちのどれかにしたいのだが、迷って決められない。君たちの知恵を借りたい」と持ちかける。子どもは、すごく真剣に考えてくれるはずだ。おまけに、音楽会に向けての意欲も上向く。

> **ポイント**
> ①学校教育の中での音楽会は、子どもを音楽的、人間的に成長させるためのものという出発点を忘れずに。
> ②子どもに心構えと、音楽面に関するめあてを持たせる。
> ③中学年のリコーダー。選曲のポイントは、技術的に難しくなく、子どもたちの共感が得られ、ある程度の長さがある曲。

はらっぱのうた（ソラシ）

楽譜1
♪ Track 21、22

千田鉄男　作曲

1回目少人数で
2回目とD.S.のときは全員で

[演奏のポイント]
● 前半は息使いを意識して，後半はタンギングを意識して吹きましょう。

2. 発表に向けて①短い曲を長くする

**工夫次第で
メインディッシュに**

　ここでのテーマは「短い曲を長くする」である。
「3年生の子どもたちに今まで教えてきた曲といえば、8小節くらいの短い曲ばかり。これを音楽会で何とか発表する形にできないものだろうか？」あるいは、「発表する歌は決まったが、リコーダーがなかなか決まらない。歌の練習を進めながら、そのうち決めようと思っているうちに、気がついたらもうあまり日数がない！　今まで取り組んできた曲で何とかならないか？」ということだってありえる。何だか、冷蔵庫に残っていた、とりあえずの材料で、おもてなしの料理を作るような気がしないでもないが、工夫次第ではメインディッシュにだってなるのだ。
　それでは、具体的に考えてみよう。例として、発表する曲を『かっこう』として話を進めていく。
　『かっこう』は短い曲だ。1回吹くだけではすぐ終わってしまい、聴き手に「えっ？　もう終わったの？」と言われてしまう。短い曲を発表するときは、工夫してある程度の長さにしなければいけない。編曲とも言える作業だが、楽譜にきっちり書かなくても、子どもに説明し、実際に吹きながら、発表に適した長さにしていくことだって可能だ。短い曲を長くするには、荒っぽく言ってしまうと「何回もくり返す」か、「ゆっくりやる」しかない。
　「何回もくり返す」といっても、「よーし。全員で『かっこう』を10回くり返すぞ！」というのでは、あまりにも芸がない。聴いている側も飽きるし、吹いている側は、何回目をやっているのかわからなくなってしまう。けれども、くり返すたびに新しい要素が加われば、聴き手も吹き手も新鮮で楽しく感じられる。
　もうひとつの「ゆっくりやる」という方法は、『かっこう』には、あまり適していないかもしれない。「♪かっこう、かっこう」の鳴き声が、寝ぼけ声に聞こえてしまう。曲によって判断しよう。

**くり返すときの
テクニック**

　では、くり返すときに、どんな工夫をすればよいのだろう。
　人数を変える、速さを変える、伴奏を変える、拍子を変える、リズムを変える、楽器を変える、視覚的効果を加える、などが考えられる。それぞれを少し詳しく見てみよう。

人数を変える
①全員で吹く（楽譜2）。もっとも一般的。

②クラス別に吹く。メドレーのようにクラスごとに吹く。ただし、全体の人数とクラスの人数に差がある割には、音量の差は出てこないので、吹いてないクラスは座るなどして、視覚的にも、吹いているクラスが目立つようにする。

③数人で吹く。クラスの、班やグループの中から代表の男女、各1名を選ぶ。リコーダーは女が上手、歌も女が上手という固定観念を作りたくない。男女を混ぜて数人にしたい。

④ソロ。「1人で吹いてみたい人？」とたずねると必ず何人か希望者がいる。全員→1人→全員、と吹く場面では、みんなの見本になってもらえる。希望した他の子にも、意欲を買って数人で吹く場面を作ってあげよう。

⑤交互奏。ステージに並んだ状態で、左側のグループと、右側のグループで交互奏をすると、空間的、視覚的に変化が生まれる。さらに、ソロと全員、数人と全員で交互奏すると強弱の変化も生まれる。

左右の交互奏といえば、その昔、イタリアはヴェネツィアのサン・マルコ大聖堂で、教会の左側にいる聖歌隊と右側にいる聖歌隊が交互に歌ったり、ときには一緒に歌ったりして、ステレオ効果満点の演奏をくり広げていたことは有名だ。サン・マルコ大聖堂で活躍していた作曲家ジョヴァンニ・ガブリエーリの名前を聞いたことがある方も多いと思う。

速さを変える
『きらきら星』は速いテンポ、ゆっくりとしたテンポ、どちらもそれらしい感じが出せる。速さを変えるとき、伴奏も変えたほうがよい場合がある。

伴奏を変える（楽譜3）
同じメロディーでも、伴奏が違うとまったく別の感じになる。伴奏のリズムパターンや音域によって、曲の気分ががらりと変わる。

拍子を変える（楽譜4）
3拍子の『かっこう』を2拍子の『かっこう』マーチにする。

リズムを変える（楽譜5）
『かっこう』の中の、鳴き声の模倣の部分以外のリズムを、ノリのいいリズムに変える。

楽器を変える
たとえば『かっこう』のメロディーに木琴を加える。1番はリコーダー、2番は木琴、3番は一緒に、といったやりかたも考えられる。

視覚的効果を加える
「♪かっこう、かっこう……」の最初の2小節で、1回目の♪かっこう、は全員ちょっと左を向いて、2回目の♪かっこう、は右を向いて、とやるだけでも視覚的に楽しい。演奏に差し障りのない簡単な動きで、目を楽しませるのもよい方法だ。ちょっとした動きでも全員でやると効果は大

きい。

　以上のやり方を、曲によって取捨選択してやってみると、短い曲もなかなか聴き応えのある曲になると思うのだが。

> **ポイント**
> 短い曲を長くするには、「人数を変える」「速さを変える」「伴奏を変える」「拍子を変える」「リズムを変える」「楽器を変える」「視覚的効果を加える」など変化をつけてくり返す。

♪ Track 23 〜 30

いろいろな「かっこう」

楽譜2　一般的

楽譜3　伴奏を変える

楽譜4　マーチにする

楽譜5　リズムを変える

3. さむ〜い体育館での発表

　　12月中旬に、私の学校の体育館でミニ音楽会を行った。ミニ音楽会なので、5時間目1コマだけの音楽会だ。私の受け持っている、3〜6年生が2学期の授業の成果を発表し、それといっしょに合唱団も発表し、互いに聴き合うという内容だ。

　　午前中には各学年、1コマずつリハーサルを行った。合唱団は学年が混ざっているので昼休みに行った。結果的に私は、1時間目から5時間目まで、ほとんど体育館にいたことになる。

　　その日東京は、この冬一番ではないかという冷え込みで、1校時目の体育館はキーンと冷えていた。とは言っても、北国の寒さとはくらべものにならないと思うが。見ると、歌っている子どもたちの口からは、息が白く出ている。「足が冷えて、つま先が痛い」と何人かの子どもが言ってきた。リハーサルを終えた子どもたちは「さむ〜い」と言いながら教室に戻っていく。それと入れ替えに、別の学年が「さむ〜い」と言いながら入ってきた。子どもたちは1コマで暖かい教室に戻れるから良いが、私は今日は一日、ここで暮らすのだ。

音楽の先生は「体育館暮らし」！？

　　1年間を見渡してみると、音楽担当の先生はけっこう長い期間、寒い体育館で過ごさなければならない。冷暖房つきの体育館なら話は別だが、そのような学校はあまりないのではないか。学習発表会、学芸会、音楽会、6年生を送る会、卒業式など、それぞれの本番と、それに向けての練習期間、寒い体育館暮らしとなる。

　　そうならば、音楽担当の先生は防寒のプロになることを心がけよう！

　　今は良い防寒製品がたくさん出回っている。使い捨てカイロに始まって、保温力の高い薄手の下着、暖かいジャケット……。（安全を考えながら、小さなストーブを自分の近くに置くということも考えられる。）

　　私も若いときには体も燃えていたし、我慢もできたが今は耐えられない。ピアノを弾く指が動かないし、動かない指を無理して動かそうとすると、手を痛める。これは一種のケガといってもよいだろう。だいたい、練習のときに無理したり我慢したりして、体調をくずしたまま本番に臨んでしまったら、コンディション調整ができていないということになる。

　　私は寒いのが苦手なこともあって、白熊のように着込んで体育館で子どもたちを待っている。けれども、入ってくる子どもたちの中には、なんと半袖のTシャツ1枚の子がいたりする。前の学校には、雪の降る日でもタンクトップ（ランニング・シャツ）で登校する男の子がいた。「寒

くないの？」と聞くと「きょうは、ちょっとすずしい！」だって。

リコーダーも温めよう

　先生の防寒の話はさておき、ミニ音楽会にむけて５年生がリコーダーのリハーサルをしていたときのことだ。この曲はすでに市の連合音楽会で大きなホールでも発表しているので、子どもたちも自信がある。

　私の指揮で美しいピアノの前奏が始まる。４小節の前奏に続いて、リコーダーの演奏が始まる……「あれっ？」「下手になってる……」という空気が吹いている子どもたちの間に広まった。いやいや、そうではないのだ。リコーダーが冷えてピッチが下がり、ピアノと合っていないのだ。そのために下手に聞こえてしまう。ピアノはリコーダーのようにはピッチが下がらない。この状況を、うんと極端に表現すると「ピアノ伴奏より半音低くリコーダーを吹いている」とでも言ったらよいだろうか。かなり気持悪いと思うが、それに似たようなことが起こっているのだ。

　ピアノなどの伴奏楽器と一緒に演奏する場合は、このようなことが起こるので要注意だ。プラスチック（合成樹脂）製のソプラノ・リコーダーだと、１～２分も吹いていれば楽器が温まってピッチが上がり、ピアノとも合ってくる。ということは、吹き始めの１～２分間が問題なのだ。ところが、発表するのは小品が多いので、正しいピッチに達する前に、曲が終わってしまう。

　なんとかして、ピアノとリコーダーのピッチを合わせなければいけない。方法としては、ピアノの調律を下げるかリコーダーを温めてピッチを上げるかである。ピアノの調律を下げることは無理だが、電子楽器ならチューニング可能だ。どうしてもリコーダーのピッチが上がらないときの方法として、頭の片すみに入れておくとよい。

　では、吹き始める前にリコーダーのピッチを上げるために、楽器を温める方法を考えよう。余談だが、雅楽の笙の奏者は、自分の横に火鉢や電気コンロを置いて、時折楽器を温めながら演奏を続ける。これはピッチのことというよりも、つばや結露で音が出にくくならないようにするためだ。いま考えているリコーダーを温める方法として、暖房器具を使うというのは除外しておこう。

①手のひらで、ウィンドウェイのある頭部管の先を握って温める。もう一方の手で、下の方も握って、なるべく楽器全体を温める。

②上着とシャツの間などにリコーダーを入れ、体温で温める。親鳥が卵を抱いて温めているような感じだ。

③演奏の少し前から息を吹き込んで温める。トランペット、フルート、クラリネットなどはアンブシュアを作らないで吹き込めば、息を吹き込

む音しか出ないが、リコーダーは音が鳴ってしまう。音が出ないように、つば抜きの要領で、指でウィンドウェイの出口を押さえながら息を吹き込む。

　ホールなどの演奏会場で吹くときには、体育館のように楽器が冷えきってピッチが下がりすぎる心配は無いとは思うが、それでも私は、頭部管を上着やズボンのポケットに入れて温めておくようにしている。やはり、楽器は温まっていた方が調子がよいようだ。

> **ポイント**
> さむ～い体育館での発表前には、楽器を温めてピッチを上げる
> ①手のひらで、ウィンドウェイのある頭部管の先を握って温める。もう一方の手で、下の方も握って、なるべく全体を温める。
> ②服の間などにリコーダーを入れ、体温で温める。
> ③演奏の少し前から、息を吹き込んで温める。音が出ないように、つば抜きの要領で、指でウィンドウェイの出口を押さえながら息を吹き込む

4. 発表に向けて②本番直前にやること

　発表に向けて、音楽室での練習が一通り終わり、いよいよ体育館での合同練習が始まる。体育館の練習では、あれもやらなきゃ、これも忘れちゃいけないと、先生方はすでに発表モードになっているだろう。そんな先生方に、いくつかアドヴァイスできたら、というのが今回のテーマだ。

　といっても、演奏そのものに対するアドヴァイスではなく、その周辺の話題である。これらのポイントを押さえるだけで、練習の中味や本番の演奏が違ってくる。

スケジュールを子どもと共有する

　体育館での練習が始まった。音楽会まであと2週間だとする。先生は「2週間あるが、音楽会の練習ができる授業のコマはわずかしかない」とあせっている。しかし子どもたちは、まだ2週間もあると思っている。体育館を嬉しそうに走り回っている子もいる。「何をしに体育館に集まったと思っているの！」と言いたくなる。これは、先生と子どもの緊迫感にずれがあるからだ。「みんなで一緒に合わせられるのは、あと数回しかないんだよ」とよく言って聞かせ、スケジュールを子どもたちと共有しておかなければ、「先生、何をそんなにあせってるの？」ということになる。

　連合音楽会などでは、本番の発表の前に、校内で全校の前で発表することが多い。また、校内音楽会では、児童鑑賞と保護者鑑賞を分けているところも多いのではないか。スケジュールを立てるとき、連合音楽会に向けての校内発表、保護者鑑賞前の児童鑑賞での発表を本番として照準を合わせる。校内発表をリハーサルのように考える先生もいるが、自分の学校の子どもたちに与える音楽的影響力は、この校内発表のほうが大きいのだから、校内発表が本番、その前の練習がリハーサルだ。「リハーサルというのは、**本番と同じように通すだけで練習ではないんだよ**。その前の練習までに仕上げなければいけないんだよ。だから、あと3回しかないんだよ！」と言うと、子どもたちも「そりゃたいへんだ！」と、こちらと同じ気持ちになってくる。

並び方を決める

　体育館での最初の練習で、本番の並び方を決めてしまおう。練習を進めながら微調整はするにしても、本番通りの並び方で練習を進めたほうが、先生も子どもたちも、まわりの音の聞こえ方に慣れていく。先生は今までに音楽会の経験があると思うので、子どもたちに「**本番の時には、ここで1年生が聴いているんだよ！　ここにはお家の人たちがたくさん座っているよ！**」、またホールでの本番に向けては「ライトが100個ぐ

らい当たってまぶしくて熱いからね！」「先生だって、うんとおしゃれをしてくるからね」と、本番の雰囲気を演出しながら練習を進める。練習に対する、子どもたちの集中力が違ってくるはずだ。本番と同じ様な条件をつくり、その気にさせてしまうのだ。

　並び方で忘れてはならないのが、誰が列の中心になっているかの確認だ。仮に3列で並んだとすると、1列目の中心は誰か、2列目3列目は誰かを確認しておく。列の人数が偶数のときは、誰と誰の間に中心がくるかということを確かめる。本番で入場してきたとき、中心になっている子が舞台の中央に立てば、左右にバランスよく、見栄えよく並ぶことができる。たまたま中心になった子には「君が音楽会の中心だぞ」と言って、やりがいを持たせよう！

　音楽会本番で、子どもたちが並び終わった後、先生が出てきてから並び方が片寄っていることに気がついて、全体的にもっと左へ移動しろとか、右へ移動しろとか指示していることがあるが、中心さえ決めておけばバランスよく並ぶことができる。

入退場

　ステージへの入退場に無駄がなく見た目にも美しいということは、よい演奏ができる条件の一つではないか。演目と演目の間がだらだらしていると、演奏だけでなく音楽会全体がだらけた感じになってしまう。気持ちよくスピーディーに入退場ができれば、演奏も音楽会全体も引き締まった感じになる。上手にできるように、意識的に入退場の練習をしておこう。

　入退場のときは、あわてないがスピーディーに「**無駄な動きをせず、美しく、堂々と**」という心構えをもたせるとよい。自分の場所に向かう間に、心の準備もできるし、みんなが同じ意識で動いているので、演奏を始める前に、すでに気持ちもそろっている。

会場の一番後ろまで届くように音を出す

　体育館の、あるいはホールの一番後ろで聴いている人に、はっきりと吹き方や歌い方が伝わるようにと、子どもたちに意識させることは大切だ。そのために、体育館の一番後ろのほうに目標物を決めておいて、そこまで音が届いているかどうかを常に意識させながら練習を進める。そうすることにより、音の質が変わり、演奏の仕方も変わってくる。

　これは大きな音を出すということとは違う。小さな音でも、そこまでしっかり、はっきり、よくわかるように届かせるということだ。

　本番のときにも、自分が演奏する場所に立ったら、まずその目標物を目で確かめ、そこまで音を届かせることを再確認して演奏を始めるとよい。

子どもたちの演奏を、聴衆の耳になって聴く

　先生は、他校の演奏に対しては、客観的に的確に判断できる厳しい耳を持っていると思うのだが、自分の学校の演奏に対しては、そのような客観的で的確な判断ができなくなることが多い。指導していると、その渦中に入ってしまい、客観的に聴けなくなってしまうのだ。だから、まったく指導から開放された状態を意識的に作り、聴衆の耳になって、実際に子どもたちの演奏はどんなふうに聞こえているのかを確かめたほうがよい。曲がだいたい仕上がってきたら、指揮をせずに、体育館の一番後ろに座って、他の学校の演奏を聴くような気持ちになって聴いてみるとよい。傍目八目だ。聴いていると、問題の箇所がいくつも分かるはずだ。その箇所に優先順位をつけ、限られた時間の中で順番に指導していく。これで発表に向かって、演奏は急カーブで上手になっていくはずだ。

ポイント

①発表会までのスケジュールを子どもと共有する。
②本番の並び方で練習する。
③入退場の練習もしっかりと。
④会場の一番後ろまで届くように音を出す。
⑤先生は、子どもたちの演奏を、聴衆の耳になって聴く。

column 2
ジャーマン式、バロック式

ジャーマン式、バロック式という言葉を聞いたことがあると思う。教科書のリコーダーの指使いにも、ジャーマン式、バロック式と二通り書いてある。音楽の先生以外の一般の先生は、この二つをどのように認識しているのだろうか。「バロック式？　あ〜、あれね。普通のリコーダーに比べてファの指が難しいやつね」こんな意味のことをよく言われる。この場合、普通のリコーダーとは、ジャーマン式のことを指している。日本中の多くの学校でジャーマン式のソプラノ・リコーダーが使われているからだ。

ところがリコーダーの世界から見ると、普通のリコーダーはバロック式で、ジャーマン式は特殊なリコーダーなのだ。「えーっ！」と思われるかもしれないが音楽教育の中での普通と、リコーダーの側から見た普通とは反対になっている。

リコーダーの演奏家や愛好家はバロック式のものを使っている。理由は、一つにはジャーマン式の良い楽器（コンサートで使うレベルのもの）がないこと。もう一つは、ソプラノ以外のアルトやテノール、バスなどのリコーダーはすべてバロック式だからだ。すべてというのは正確ではないかもしれないが、手に入れるのが難しい。

リコーダー奏者がジャーマン式を吹くということは、あまりないのではないか。私がつくったリコーダーの教材集をレコーディングしてもらうときにも、演奏者がジャーマン式のリコーダーを吹いたことはない。

だから皆さんバロック式を使いましょう！　という話をしたいわけではない。話はそれほど単純ではない。そもそもジャーマン式、バロック式とは何なのか。どこが違うのか。なぜジャーマン式が使われているのか。そのことを知っていて使うのと、全然知らないで使うのでは、やはり大きな違いがあると思う。

いま学校で使っている、合成樹脂製の同じメーカーのリコーダーを考えた場合、**ジャーマン式、バロック式の違いは単純に指使いの違いだ**。いろいろな本でジャーマン式バロック式に触れているが、要約すると次のようになる。

一般にバロック式と呼ばれているものは、20世紀初めにバロック時代のリコーダーの運指を合理的にしたものだ。イギリス式とも呼ばれる。これをさらに簡単な（？）運指にしたのがジャーマン式である。簡単と言ったが、「ハ長調は簡単」と限定したほうがよいかもしれない。♯や♭の運指はバロック式よりも難しく、音程的にもバロック式に比べると難がある。

同じメーカーのバロック式とジャーマン式は、見た目には同じだが、よく観察すると下から3番目と4番目の穴の大きさが違う。

ジャーマン式
長所：ファの指使いが簡単。ハ長調の曲が吹きやすい。
短所：ファ♯などの派生音の指使いがバロック式に比べ難しい。音程的にもバロック式に比べると難がある。ソプラノ以外はほとんどジャーマン式のリコーダーがない。木製の良い楽器もない。

バロック式
長所：リコーダーをソプラノ、アルト、テナー、バスなどのファミリーで考えた場合、どのサイズ

のリコーダーも同じ運指のシステムで吹ける。ハ長調以外はジャーマン式に比べて簡単である。
短所：ファの運指がジャーマン式に比べて難しい。したがってジャーマン式に比べてハ長調が吹きにくい。

　以前、全学年の音楽が年間70時間だったころは、私は5年生からアルト・リコーダーを個人持ちにさせていた。その場合、明らかにバロック式が好都合だ。ソプラノとアルトの運指のシステムが全く同じだからだ。それにアルトをやることによって、ソプラノ・アルト・テノール・バスの合奏もできた。サイズは違うがテナーはソプラノと同じC管、バスはアルトと同じF管だからだ。
　今、私の学校ではソプラノしか教えていないのでジャーマン式でもよさそうなものだが、やはりバロック式を使わせている。ファの運指が難しいという以外は、全てバロック式の方が有利だからだ。でも、ファの難しさを考えると、この箇所はジャーマン式だったら簡単なのに、と思うこともある。

　一般に学校教育で行われているように、**ソラシドレの左手を覚えた後、ファ→ミ→レ→ドの順で右手を覚えていくならジャーマン式が使いやすい。**
　ファ＃などの派生音も使いたい、アルトなどほかのリコーダーにも広げていきたいという場合はバロック式、ということになる。
　しかし、ジャーマン式バロック式どちらで習ったかということよりも、**リコーダーは楽しかったなあと思えることの方が大切である。**そうすれば大人になってからリコーダーを再開することもあるだろう。
　私が子どものころは、リコーダーなどという名前は聞いたことがなく、たて笛とかスペリオ・パイプと呼んでいた。そのスペリオ・パイプを風呂の中で吹くのが子どものころの楽しみだった。素っ裸で笛を持って風呂場へ向かい、湯船につかりながら心ゆくまで笛を吹き、飽きると吹きながらお湯に入れたり出したりして、スライド・ホイッスルのようなことをして遊んだ。振り返ってみると、そのときからリコーダーとは赤い糸（？）で結ばれていたのかなとも思う。

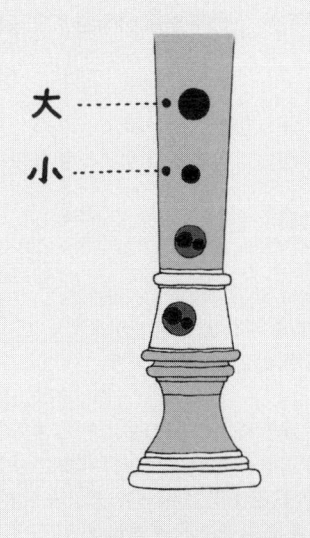

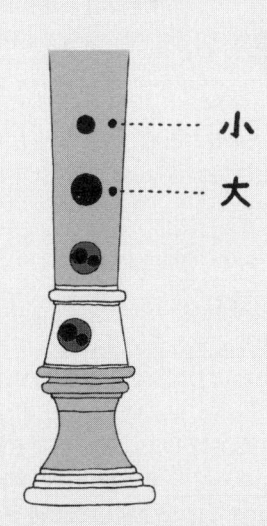

大 ……●
小 ……●

●……小
●……大

ジャーマン式　　バロック式

音楽会向け楽譜集　ワンポイントアドバイス

　この本のおしまいに音楽会向けの曲を3曲紹介します。1、2曲目は、私の尊敬する上柴はじめさんの曲です。作曲家で演奏家でもある上柴さんは、以前放送されたNHKの教育番組「笛はうたう」ですばらしい曲を数多く作曲しています。3曲目は私の学校の3年生のために作った曲です。どの曲も、本の中で触れたリコーダーのテクニックで十分取り組める曲です。曲の良さを味わいながら練習し、聴いている人たちにもその魅力を伝えてください。

「ソラシドマーチ」

　ソラシドの4つの音でト長調とハ長調が楽しめます。前奏でソラシドが3回演奏されて、リコーダーもソラシドで始まります。ト長調の部分は順次進行ですが、ハ長調部分は4度の跳躍や、16分音符が出てきて、少し難しいところもあります。ゆっくり確実にできるようにして、テンポを上げていきましょう。Dからは歌が始まります。Eでは歌とリコーダーの輪唱になります。

　歌のパートとリコーダーのパートに分けてやる方法の他に、A～Cは全員でリコーダー、Dは全員で歌、Eからは歌とリコーダーに分かれたり全員で歌ったり、という方法もあるでしょう。3年生から取り組める曲です。楽しいマーチにしてください。

「きらきら星／また会おう、また歌おう」

　もともと歌詞のついた二つの歌ですが、リコーダーでも無理のない音域なので掲載させていただきました。井出隆夫さんの心に沁みるような歌詞、上柴はじめさんの心が広がっていくような素敵なピアノ伴奏、ぜひ歌でも取り組んでみてください。上柴さんはこの曲について、「二つの全く違う曲が同時に演奏されるという不思議な面白さを狙った音楽遊び」とおっしゃっています。演奏しながら、ぜひ、この不思議な面白さを味わってください。

　リコーダーで演奏する場合は、2曲とも音を十分に保ったテヌート奏で。AパートとBパートは左右に分けるなどして、ステレオ効果を演出してみましょう。高学年で取り組むのに適した曲です。

「夕ぐれの街」

　3年生の3学期の発表会のために作りました。ミソラシドレの6音で出来ていて、ファの音を使っていないのでバロック式のリコーダーでも簡単に取り組めます。

　短調と長調の間を行ったり来たりする曲調で、どこか夕ぐれの街のもの寂しさも感じられます。曲は前半と後半でがらりと雰囲気が変わります。前半はピアノ伴奏のリズムに乗って軽く揺れるような感じで、後半は一つ一つの音を十分に保ったテヌート奏で、2分音符や付点2分音符は、きれいにつながるように長めの音で吹きましょう。

　くり返して最初に戻ったら、前半はソロや少人数で演奏し、後半から全員で演奏するなどの工夫もできます。

音楽会向け楽譜集

「ソラシドマーチ」
「きらきら星／また会おう、また歌おう」
「夕ぐれの街」

ソラシド マーチ
(リコーダーと歌)

♪ Track 31、32

織田ゆり子 作詞
上柴はじめ 作曲・編曲

©1989 by NHK Publishing, Inc.

音楽会向け楽譜集 ● 93

25
mf
D
このみ 1.3.ち どこへ すすむ みち ある
2.ら どこへ つづく そら ある
3 ×only
Am7 D7 G
Am7 D7 G Em7
29
い てたし かめ よう つまさ き おいか けて ゆ けば ちきゅ
い てたし かめ よう あした を おいか けて ゆ けば ちきゅ
Am7 D7 G Em7 Am7 D7 G Em7
33
to Φ
1.
E
う をひと まわ り せかいじゅうのまち で
う をひと まわ
Am7 D7 G G7 C Dm7(add11) C/E Dm7(add11)

ともだちができる　よ　　　ハーローボンジュール　　ニーハオボンジョルノ

グーテンタクこんにち　は　　2.このそ　り　　3.このみ　　　　り

きらきら星／また会おう、また歌おう

♪ Track 33、34

歌A「きらきら星」井出隆夫 作詞
フランス民謡
上柴はじめ 編曲

歌詞:
いちばんぼしを みながらかえろ あしたもまたね あしたもまたね やくそくしよう

©Takao Ide & Hajime Ueshiba & 1996 by Scaletone Co.,Ltd (music only)

歌 B「また会おう、また歌おう」　井出隆夫 作詞　上柴はじめ 作曲

いちばんぼしと

いつ

も いつも そうさ　ぼくたちは ともだち だよ と

おくはなれても　またあおう きっと　ま

25

た うたおう こえあわせ やくそくを しよう ね

29

[C] 2回目はリコーダーも演奏（オクターブユニゾンで）

いちばんぼしを

いつも いつも そうさ ぼく

1回目は休み

[C]

33

みながら かえろ あしたも また ね

たちは ともだち だよ とおくはなれても いー ま

あしたも またね やくそく しよう
た あおう きっと ー また うたおう こえあわせ や

1回目もあり

いちばん ぼしと ぼしと ー
くそくを しよう ね いつ ようね ー

夕ぐれの街
ミソラシドレの音で

♪ Track 35、36

千田鉄男　作曲

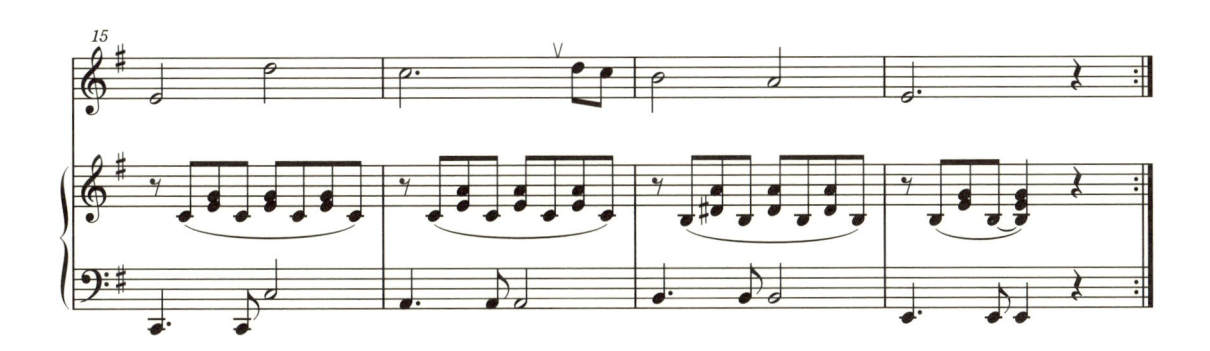

CD収録曲一覧

本書の最後に、本書掲載楽譜の音源を収録したCDを添付しています。
すべて範奏、カラピアノの順に収録しています。
Track23～30の「いろいろなかっこう」は、楽譜は一部掲載ですが、音源は全曲収録しています。

Track1、2 そよ風のように（シ）(p.33)
Track3、4 そよ風のように（ラ）(p.33)
Track5、6 そよ風のように（ソ）(p.34)
Track7、8 雲はながれ (p.35)
Track9、10 たのしくタンギング (p.40)
Track11、12 運命のたまご (p.41)
Track13、14 ぴったりちょうど (p.44)
Track15、16 行こうかな どうしよう (p.49)
Track17、18 のんびり ひるね (p.51)
Track19、20 きらきら星 (p.62)
Track21、22 はらっぱのうた (p.77)
Track23、24 いろいろなかっこう（一般的）(p.81)
Track25、26 いろいろなかっこう（伴奏を変える）(p.81)
Track27、28 いろいろなかっこう（マーチ）(p.81)
Track29、30 いろいろなかっこう（リズムを変える）(p.81)
Track31、32 ソラシドマーチ (p.92)
Track33、34 きらきら星／また会おう、また歌おう (p.96)
Track35、36 夕ぐれの街 (p.100)

音源制作●千田鉄男　企画・制作●(株)音楽之友社　CDプレス●東洋レコーディング(株)
KJCD-0085　日本音楽著作権協会 R-1270248TR
℗&©2012 by ONGAKU NO TOMO SHA CORP.,Tokyo,Japan.

あとがき

　この本は、教育音楽小学版に連載された「大好き！リコーダー」をもとに再構成してあります。連載を始めるとき編集長の岸田雅子さんから「先生になって間もない、まだリコーダーの指導に慣れていない先生を対象に、リコーダーの導入の仕方や、実際の指導について書いてほしい」とのお話がありました。そこで、私の授業の様子や、仲間とのアンサンブル活動で経験していることなどを取り混ぜながら書きました。連載中には岸田さんから数多くの貴重なアドヴァイスをいただきました。感謝いたします。

　現在ほとんどの学校で、3年生からリコーダーを始めると思いますが、まえがきにも書いたように、始める前の子どもたちは、リコーダーを習うのをとても楽しみにしています。でも難しいステップを乗り越えられない時間が長く続くと、情熱は冷め、「リコーダーは苦手！」「きら〜い」となりかねません。そんなとき、この本が少しでも役に立ったらうれしいです。

　子どもの頃、私はお風呂に入る時にはいつもリコーダー（当時は「スペリオパイプ」という商標名で呼んでいました）を持って行き、湯船につかりながら知っている歌や、お気に入りの曲を吹くのが好きでした。湯につかりながら一節唸るおじさんというのはよく耳にしますが、その心地よさと同じだったと思います。そのころは、自分としてはリコーダーを吹きながら風呂の時間を楽しむということに、何か特別なことをしている感じはありませんでしたが、いま考えるとあまり他の子がしていなかったことかもしれませんね。子どものころからリコーダーとの相性の良さがあったのでしょうか。

　大学を卒業し、仲間の音楽の先生たちと本格的にリコーダーを始めた時は、バロックやルネッサンス、現代音楽がリコーダーの主なレパートリーでした。仲間と一生懸命作り上げたアンサンブルをプロのリコーダー奏者の方々にレッスンしていただきました。上杉紅童、遠藤一巳、吉沢実、北御門文雄、守安功、松島孝晴各氏から多くを教えていただきました。毎回の練習の後、レッスンの後にはお酒を酌み交わしながら、リコーダーの話、音楽教育の話で盛り上がりました。

　その後、私は北御門文雄さんが主宰するアンサンブルで長年にわたって演奏しながら多くのことを経験し、教わりました。

　今の教育現場では、バロックやルネッサンス、現代音楽に限らず、もっと自由にリコーダーを吹いていますし、それでいいのだと思います。リコーダーでいろいろな曲を経験し、「リコーダーが好き」「音楽が好き」という人たちが増えたらいいなと思います。

　今回、連載したものを本にまとめるにあたっては、茶畠愛さんに大変お世話になりました。お礼を申し上げます。また、リコーダー演奏の厳しくも素晴らしい世界を教えて下さったプロの演奏家の方々、私のアンサンブルの仲間にも感謝です。それから、日々、私に「考える課題」を与え続けてくれる子どもたち、そして講習会で熱心に質問してくる先生方にもお礼を言わなければいけません。それらの日々の課題や質問がこの本を生む原動力になったのですから。

ソプラノリコーダー運指表

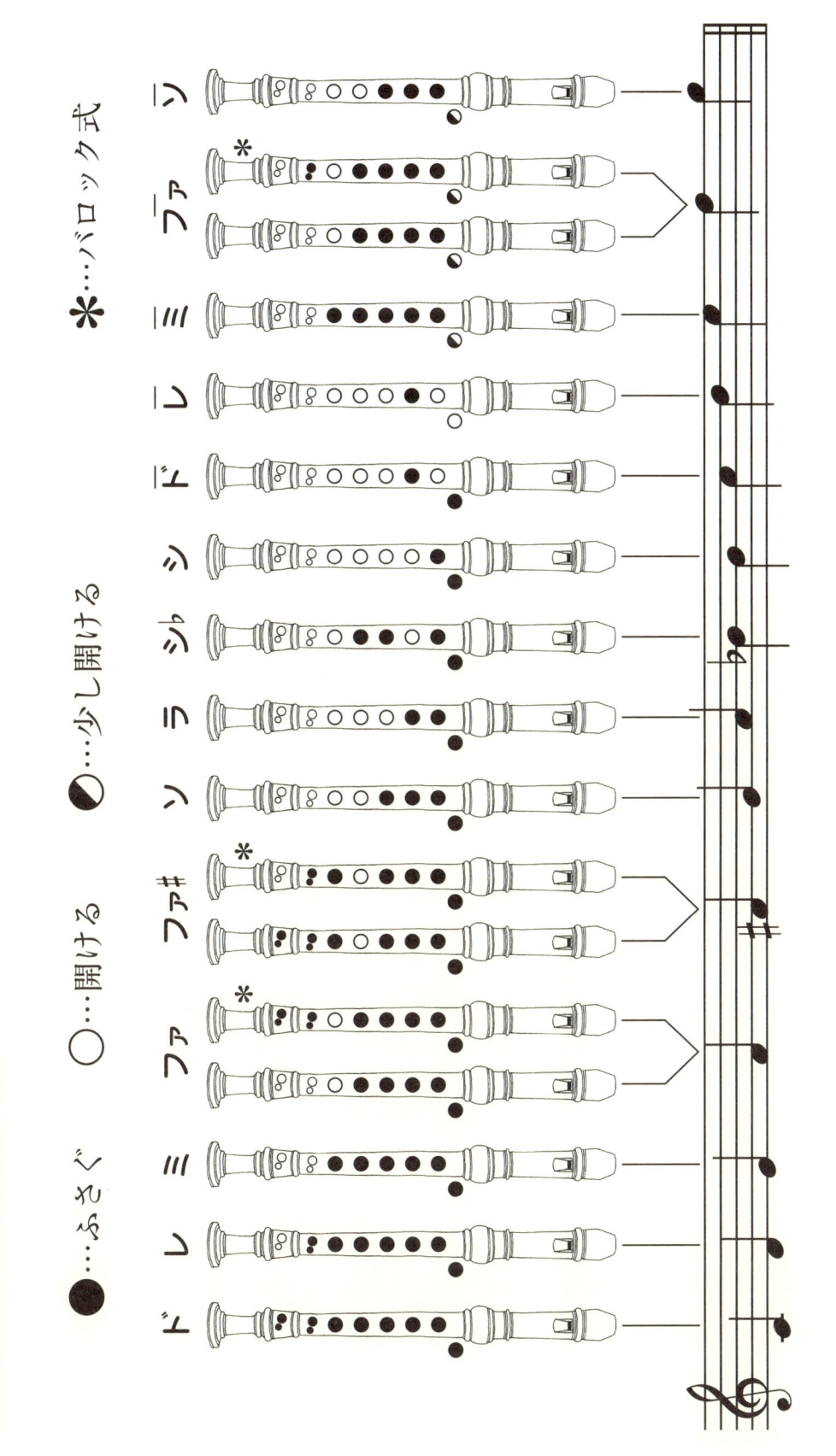

●…ふさぐ　○…開ける　◐…少し開ける　＊…バロック式

ド　レ　ミ　ファ　ファ♯　ソ　ラ　シ♭　シ　ド　レ　ミ　ファ　ソ

[著者プロフィール]

千田鉄男（ちだてつお）

　1953年岩手県生れ。国立音楽大学音楽教育学科卒。大学卒業後、東京都青梅市の小学校の音楽専科教員となり、市内の小・中学校の音楽の先生とリコーダー・アンサンブル活動を続け、上杉紅童、遠藤一巳、吉沢実、北御門文雄、守安功、松島孝晴各氏の指導を受けた。その後、北御門文雄氏の主宰するアンサンブル「コンソート・ヴァイク」で長年にわたり活動し、リコーダーの演奏、アンサンブルの作り上げ方など大きな影響を受けた。

　リコーダー演奏と並行して、『ひびけリコーダー』『たのしくリコーダー』などのテキスト、『たのしいリコーダー・アンサンブル』①〜⑦（いずれも教育研究社）などの曲集作りも数多く手がけている。また、各地で催されるリコーダー講習会で講師を務めている。

　一方、「また会う日まで」などの合唱曲をはじめ、子どものための合唱曲や器楽曲を数多く作曲、編曲し出版している。現在、東大和市立第二小学校音楽専科主任教諭、リコーダー・アンサンブル「コンチェルティーノ・タマーニ」メンバー、東大和少年少女合唱団指揮者、羽村市吹奏楽団指揮者、多摩フィルハルモニア合唱団員。

音楽之友社
音楽指導ブック

[音楽指導ブック]

リコーダー大好き!
授業を助ける指導のポイント（CD付き）

2012年8月10日　第1刷発行
2024年4月30日　第3刷発行

著　者	千田鉄男
発行者	時枝　正
発行所	東京都新宿区神楽坂6-30 株式会社　音楽之友社 電話 03(3235)2111〈代〉 郵便番号 162-8716 https://ongakunotomo.co.jp
装丁・造本設計	廣田清子（office SunRa）
イラスト	ちばあやか
楽譜浄書	ホッタガクフ
印　刷	星野精版印刷
製　本	誠幸堂

©2012 by Tetsuo Chida
Printed in Japan
この著作物の全部または一部を権利者に無断で複製（コピー）することは、著作権の侵害にあたり、著作権法により罰せられます。
日本音楽著作権協会（出）許諾第 1208574-403 号
落丁・乱丁本はお取替えいたします。
ISBN978-4-276-32150-2 C1073